Quelle affaire !

Yak Rivais

QUELLE AFFAIRE !

(Nouveaux contes de la rue Marcel-Aymé)

Neuf en poche
l'école des loisirs
11, rue de Sèvres, Paris 6e

Loi numéro 49956 du 16 juillet 1949 sur les publications destinées à la jeunesse : mars 1990
Dépôt légal : septembre 1991
Imprimé en France par la Société Nouvelle Firmin-Didot, au Mesnil-sur-l'Estrée (18314)

Sommaire

VIVE LES VACANCES

La dame aux pigeons n'était pas contente. Je m'approchai pour la saluer. La vieille dame me reconnut :

« Ah ! C'est vous ! Vous voulez encore des histoires d'enfantastiques, je parie ? »

« Vous avez deviné, chère madame. »

« Vous tombez à pic ! Regardez ce qu'ils ont fait à mes pigeons ! »

Je détournai la tête et je découvris les pigeons sur la place, au pied d'un banc. Ils picoraient. Jusque-là, tout va bien. Mais ce qui n'allait pas, c'était leur couleur ! Il y avait des pigeons rouges, des verts, des bleus, des jaunes ! Quelle affaire !

« C'est un coup d'Alix ! » se plaignait la vieille dame révoltée.

« Vous croyez ? »

« Je l'ai vue grommeler quelque chose quand elle est passée tout à l'heure ! Pauvres pigeons ! »

A vrai dire, l'enfantastique ne leur avait pas fait de mal. Ils picoraient en roucoulant :

« Rrouu, rrou, vous avez un costume très élégant, cher camarade. »

« Rrou, rrou, le mauve me va très bien. Peut-être devrais-je ajouter quelques touches vertes pour être à la mode. Qu'en pensez-vous ? »

Deux touristes japonais s'étaient approchés. Ils demandèrent :

« Quoi ça être ? Des perroquets ? »

« Non », répliqua la vieille dame en colère. « Des autruches ! »

Les touristes étaient en admiration :

« Très beaux ces autruches ! Très beaux ! »

Ils les photographièrent pendant que la vieille dame trépignait :

« Cette Alix ! Si je l'attrape ! »

« Que lui ferez-vous ? » demandai-je, car je savais bien que la dame aux pigeons aimait les enfantastiques. « Est-ce que vous... »

Elle m'interrompit, un doigt en l'air :

« Vous n'entendez rien ? »

« Eh bien... »

« Chut ! Écoutez ! »

Je tendis l'oreille. J'entendis alors un chuchotement. D'où provenait-il ?

« Là », s'écria la vieille dame.

Elle désignait le caniveau du bout de son parapluie noir.

« Pardon ? » dis-je.

« Le bateau en papier ! Arrêtez-le ! »

Un bateau en papier plié naviguait sur l'eau du caniveau. Je l'attrapai. Je faillis le lâcher de peur en l'entendant chuchoter :

« ...9 × 8 = 72 ; 9 × 9 = 81 ; 9 × 10 = 90 ... »

Il récitait la table de multiplication par 9.

« Je ne comprends pas », murmurai-je, tandis que le bateau recommençait à réciter la même table de multiplication à voix basse.

« C'est un message ! » dit la vieille dame. « Les enfantastiques s'envoient des messages, et... Chut ! Écoutez ! »

Je tendis l'oreille de nouveau. Un second chuchotement se rapprochait.

« Là ! » s'écria la vieille dame.

Elle fit tomber par terre d'un coup de parapluie un avion en papier qui venait en planant. Je le ramassai. L'avion chuchotait :

« Verbe être au présent : je suis, tu es, il ou elle est, nous sommes, vous êtes, ils ou elles sont... »

Je replaçai le bateau dans le courant et je lançai l'avion en l'air au-dessus des catalpas de la place. D'autres avions passèrent. Nous vîmes surgir deux enfants de la rue Marcel-Aymé. C'étaient les lanceurs d'avions.

« Ce sont Lohic et Alexandre », me dit la vieille dame.

Les garçons l'avaient vue. Alexandre approcha un avion en papier de sa bouche et lui murmura quelques mots que nous ne pouvions pas entendre car l'enfant était trop loin de nous. Puis il jeta l'avion dans notre direction ; quelques instants plus tard, l'avion passait au-dessus de nos têtes en chuchotant :

« Bonjour madame, bonjour monsieur. Comment allez-vous ? »

Il tournait autour de nous en répétant ses deux phrases. La vieille dame sourit, agita la main pour répondre au salut des enfantastiques. J'étais trop étonné pour l'imiter :

« Quelle affaire ! »

« Ce n'est rien, vous en verrez d'autres ! » me dit la vieille dame. « Regardez Jean-Baptiste de l'autre côté de la place ! »

Le garçon avait la main en l'air. Il faisait de grands gestes comme pour écrire sur un tableau invisible.

« Qu'est-ce qu'il fait ? »

« Levez donc les yeux ! » me dit la vieille dame.

Je levai la tête. Oh ! Le message de l'enfantastique s'écrivait en fumées blanches et en lettres gigantesques tout là-haut, dans le ciel bleu. Ce message disait : *« Vive les vacances »*. Les passants applaudissaient. Quelle affaire !

« Aujourd'hui, nous avons de la chance », me dit la vieille dame, « car il n'a pas écrit de gros mots, et n'a pas fait de fautes d'orthog... ».

Elle poussa un cri :

« Mes pigeons ! »

Ils étaient en train de changer de couleur. Les verts devenaient rouges, les bleus devenaient roses. Tous changeaient de couleur. La vieille dame n'était pas contente :

« La faute à Alix ! Ils changeront de couleur jusqu'à ce qu'elle revienne ! »

Elle caressa la tête d'un de ses chers oiseaux et soupira :

« Remarquez, j'ai vu pire. Figurez-vous qu'Anne-France les avait transformés une fois en poulets ! »

« En poulets ? »

« Oui. Un clochard en avait attrapé un pour son souper ! »

« Et alors ? Que s'est-il passé ? »

« Je lui ai flanqué un coup de parapluie ! »

La vieille dame riait. Je l'imaginais à la poursuite du clochard, armée de son parapluie. Je tirai mon calepin et mon stylo de ma poche. La vieille dame jeta un coup d'œil méprisant à mon stylo :

« Il n'est pas si bien que celui d'Antoine. Le sien écrit tout seul. »

La vieille dame s'assit sur le banc. Ses pigeons multicolores se posèrent sur ses bras et sur ses épaules comme des fleurs sur un arbre. Je m'installai auprès d'elle, et elle commença...

L'enfant qui faisait disparaître les vêtements

Thomas était embarrassé.

« Qu'est-ce qui ne va pas ? » lui demanda Antoine.

Ils étaient rue Marcel-Aymé et c'était mercredi. Les jours de classe, la rue était peuplée ; aujourd'hui elle était déserte.

« Je crois que j'ai un pouvoir bizarre », dit Thomas.

« Quel pouvoir ? »

Thomas ne répondit pas. Il regardait la rue. Justement, M. Bertrand, le journaliste, sortait de chez lui et se dirigeait vers son automobile.

« Regarde bien », dit Thomas.

Il plaça ses mains de chaque côté de sa tête comme une paire d'oreilles, et agita les doigts en disant :

« Casquette ! Quitte sa tête ! »

Et hop ! La casquette de M. Bertrand disparut.

« Çà alors ! » s'exclama Antoine. « Où est sa casquette ? »

« C'est ce qui me soucie, justement ! » répondit Thomas. « Je n'en sais rien. »

M. Bertrand s'était rendu compte qu'il était tête nue à l'instant où il ouvrait la portière de l'automobile. Il se retourna, se baissa pour regarder sous la voiture.

« Hi-hi-hi ! » ricana Antoine. « Il croit qu'il a provoqué un courant d'air en ouvrant la portière ! »

M. Bertrand revenait sur ses pas, regardait

derrière une poubelle sur le trottoir. La casquette n'était pas là non plus.

« C'est extraordinaire ! Hi-hi-hi ! » riait Antoine.

« Sauf que je ne sais pas où vont les affaires que je fais disparaître ! » grogna Thomas.

« Regarde ! Hi-hi-hi ! »

M. Bertrand venait de soulever le couvercle de la poubelle pour jeter un coup d'œil dedans : mais il n'y trouva pas sa casquette. Il leva les bras en l'air, et monta en voiture. L'auto démarra, passa devant les enfants en direction de la place de la Contrescarpe. Antoine riait. Il cessa soudain car il venait d'avoir une idée :

« Tu crois que tu pourrais ôter TOUS les vêtements des gens ? »

« Peut-être que oui », répondit Thomas.

Antoine lui prit le bras pour le faire pivoter :

« Regarde là-bas ! »

La concierge d'un immeuble venait de sortir. Elle portait un gilet vert. Thomas plaça ses mains de chaque côté de ses oreilles et agita les doigts. Puis il dit :

« Gilet ! Tu vas t'envoler ! »

Et hop ! La concierge n'avait plus son gilet. Elle poussa un cri. Elle était désormais en robe et tâtait ses bras nus pour vérifier qu'il n'y avait plus de laine dessus. Les gamins riaient. La pauvre concierge piétinait comme M. Bertrand tout à l'heure. Elle appela une gamine derrière elle. C'était sa fillette, qui tenait une poupée à la main. La fillette portait une robe rouge. Antoine pouffa de rire en donnant un coup de coude à Thomas :

« Hi-hi-hi ! Retire-lui sa robe ! »

Mais Thomas se gratta la tête :

« Il me faudrait une rime en "obe". »

« Pour quoi faire ? »

« Pour rimer avec "robe". Le pouvoir ne marche pas sans rime. »

Antoine fit la grimace. Il proposa :

« Microbe ! »

Ça ne convenait pas du tout.

« J'ai trouvé ! » s'écria Thomas.

Il mit ses mains sur ses oreilles, agita les doigts en disant :

« Robe ! Il faut que tu te dérobes ! »

Et hop ! La fillette se retrouva en culotte « Petit-Bateau » dans la rue. Elle poussait des cris perçants. Sa mère l'attrapa sous le bras et toutes deux se réfugièrent dans l'immeuble. Les gamins éclatèrent de rire.

« Hi-hi-hi ! J'adore ton pouvoir ! » disait Antoine.

Ils s'enfuirent en riant vers la place. Ils riaient encore lorsqu'ils tombèrent nez à nez avec Édouard au coin de la rue.

« Thomas a un pouvoir extraordinaire ! » s'écria Antoine. Édouard était curieux. On lui raconta toute l'affaire.

« Montrez-moi ! » demanda-t-il.

« Non », dit Thomas.

Antoine expliqua :

« Il est contrarié parce qu'il ne sait pas où disparaissent les habits. »

« Ils rentrent peut-être chez eux », dit Édouard.

« Comment cela ? » demanda Thomas.

« Chez leur maître. » (Édouard voulait sûrement dire « chez leur propriétaire ».)

Thomas n'y avait pas pensé. L'idée le rassurait.

« Ce serait bien », dit-il. « Comme ça, les habits ne seraient pas perdus. »

Les trois galopins étaient sur le trottoir. Devant eux s'ouvrait la place de la Contrescarpe. Louis, le garçon de café, servait un client à la terrasse de « La Chope ». Il portait un tablier blanc (Louis, pas le client).

« Ôte-lui son tablier ! » supplia Édouard. « Montre-moi ! »

Thomas éleva ses mains de chaque côté de sa tête et remua les doigts. Il murmura :

« Tablier ! Fais-toi oublier ! »

Et hop ! Le garçon de café n'avait plus de tablier. Il se retourna en sursaut, il dévisageait un consommateur avec méfiance.

« Hi-hi-hi ! » ricana Antoine. « Il croit que c'est le client qui l'a pris ! »

Le client écartait les bras pour prouver son

innocence. Il se leva même et le garçon de café regarda sous sa chaise. Les garnements n'en pouvaient plus de rire.

« Hi-hi-hi ! Ôte-lui son pantalon ! » suggéra Antoine.

« Oui ! Oui ! » approuva Édouard.

Thomas éleva les mains, mais les rabaissa :

« Zut ! Je n'ai pas de rime en "on". »

« Zut ! » répéta Antoine.

Il proposa :

« Melon ! Talon ! Boulon ! »

« Oui, "talon" ! » s'écria Thomas.

Il replaça ses mains de chaque côté de sa tête, agita les doigts en disant :

« Pantalon ! Tourne les talons ! »

Et hop ! Le garçon de café était en caleçon ! Hi-hi-hi ! Les enfants riaient. Les clients riaient et montraient du doigt le malheureux garçon de café en caleçon à fleurs.

« Ôte-lui sa veste ! » dit Édouard.

« Veste, il ne faut pas que tu restes ! » s'écria Thomas en faisant encore son geste magique.

Et hop ! Louis n'avait plus que son caleçon et sa chemise ! Les clients se pliaient de rire sur les tables du café. Ils appelaient les passants :

« Venez voir ! Louis se déshabille ! Il va se coucher ! Ah-ah-ah ! »

Le garçon cherchait ses vêtements partout en sanglotant. Il renversait les chaises, il forçait les clients à retourner leurs poches, comme si ses vêtements pouvaient s'y trouver. Il criait que c'était incompréhensible, que c'était une histoire de fou...

« Enlève-lui sa chemise ! » dit Édouard.

« Trouvez-moi une rime en "ise" », répliqua Thomas.

« Marquise, sottise, bise, bêtise, friandise », suggéra Édouard.

« Banquise, gourmandise », suggéra Antoine.

Rien n'allait.

« Cherche un autre mot pour dire "chemise" ! » proposa Antoine.

« Appelle-la "liquette" ! » dit Édouard. « C'est un mot d'argot. »

« Je n'ai pas de rime en "ette" ! » dit Thomas.

Les enfants cherchèrent. Camionnette. Bicyclette. Serviette. Savonnette. Allumette.

« J'ai trouvé », dit Thomas.

Il mit ses mains de chaque côté de sa tête et dit :

« Liquette ! Va-t'en en cachette ! »

Et hop ! Le garçon de café était en maillot de corps et en caleçon, à la grande joie des badauds. Il courut se réfugier dans le café en abandonnant son plateau.

« Ôte-lui son maillot ! » dit Antoine.

« Impossible », répondit Thomas. « Puisque je ne le vois plus. »

« Il faut que tu le voies pour le déshabiller ? » s'étonna Édouard.

« Oui. »

Les gamins étaient déçus. Ils se demandaient quand le garçon de café reparaîtrait, lorsque Antoine eut un sourire illuminé :

« Et si tu déshabillais les clients ? »

Lumineuse idée en effet. Thomas hésita :

« Je n'ai jamais essayé de déshabiller plusieurs personnes à la fois. Je ne sais pas si j'y arriverai. »

« Essaie ! Puisque tu les vois ! » insista Antoine.

« Il suffira de les regarder tous à la fois ! » ajouta Édouard.

Thomas souriait.

« Bon, dit-il. On commence par quoi ? »

« Les souliers ! »

Thomas éleva les mains de chaque côté de ses oreilles, agita les doigts et dit :

« Souliers ! Quittez les pieds ! »

Et hop ! Les clients étaient en chaussettes, socquettes, collants ou pieds nus. Du coup, ils s'arrêtèrent de rire. Ils se levèrent. Ils cherchaient leurs souliers jusque dans le caniveau. Ils étaient partagés entre l'envie de se moquer des autres et la colère d'être eux-mêmes déchaussés. Thomas ne leur laissa pas le temps de réfléchir. Il cria coup sur coup :

« Chaussettes ! Faites place nette ! Vestes !

Filez sans demander votre reste ! Cravates ! Sauvez-vous en hâte ! »

Et hop ! Les chaussettes, les vestes, les cravates disparurent. Les clients criaient et se bousculaient :

« Holà ! Que personne ne bouge ! On m'a volé ma veste ! Où est ma cravate ? Rendez-moi mes chaussettes ! »

Plusieurs dames s'étaient levées parce qu'elles avaient perdu leurs collants. Thomas agita ses mains en disant :

« Jupes et jupons ! Partez sous les ponts ! »

Et hop ! Les dames étaient à leur tour à moitié dévêtues. Elles s'enfuirent en poussant des cris aigus tandis qu'arrivait une fourgonnette de police. C'était le patron du café qui avait appelé le commissariat. Les agents de police bondirent dans la rue à la poursuite des fuyards :

« Halte ! Au nom de la Loi ! Le nudisme est interdit ! »

Les gens protestaient qu'ils n'y étaient pour rien. Les agents les ramenaient à la fourgonnette. C'est alors que Thomas murmura :

« Képis ! Filez loin d'ici ! »

Et hop ! Les agents de police étaient décoiffés.

« Au voleur ! » criaient-ils. « Appelez la police ! »

Les gens qu'ils avaient rassemblés devant le

café avaient envie de rire à leur tour. Le chef marchait de long en large et les mains derrière le dos :

« Il se passe ici des choses scandaleuses ! Avez-vous perdu la tête ? Vous vous croyez sur la côte d'Azur ? »

« On nous a volé nos habits ! » protestaient les gens.

Tout le monde parlait en même temps. On prêtait des nappes aux dames pour les vêtir un peu. Les agents de police inspectaient le café « La Chope ». L'un d'eux était même juché sur un escabeau pour regarder sur la marquise de l'établissement. Il ne trouva rien. De l'autre côté de la place, pendant ce temps, les trois garnements s'amusaient beaucoup.

« Enlève-leur tout le reste ! » ricana Édouard en secouant Thomas par le bras.

Mais Thomas haussa les épaules :

« Impossible. Dès que j'enlèverai un nouveau vêtement, les gens se sauveront ! »

« Tu n'as qu'à préparer les rimes et les dire à toute vitesse ! » dit Antoine. « Personne n'aura le temps de s'enfuir ! »

En riant, les galopins se mirent à l'ouvrage. Jamais ils n'avaient composé de poésies en classe avec autant d'ardeur. Bientôt, ils furent satisfaits de leur chef-d'œuvre.

« Vas-y ! » s'écria Antoine en se frottant les mains.

Thomas prit son souffle. Il éleva les mains de chaque côté de sa tête, agita les doigts en déclamant d'un trait :

« Uniformes d'agents ! Fichez le camp ! Chemises ! Volez dans la brise ! Maillots ! Allez faire dodo ! Caleçons ! Disparaissons ! Vêtements féminins ! Passez votre chemin ! »

Quelle pagaïe ! Les vêtements s'esquivaient ! Les victimes déshabillées se tortillaient pour cacher leur nudité ! Les agents jouaient du sifflet ! Par bonheur pour les dames, les enfants n'avaient pas pensé à composer de poème sur les nappes qui leur servaient de jupes, de sorte qu'elles n'étaient pas tout à fait nues. Tout le monde finit par se réfugier dans les commerces et dans les couloirs des immeubles. Au fond du café, des « nudistes » involontaires se cachaient à quatre pattes derrière les tables renversées. Les trois garnements n'en pouvaient plus de rire.

« A quoi vous jouez, les garçons ? » demanda une petite voix.

C'était celle d'Anne-France, une camarade de classe qui les rejoignait. En éclatant de rire, les garçons lui désignèrent leurs victimes, mais la petite fille regardait en l'air au lieu d'écouter.

« Qu'est-ce que c'est, ça ? » demanda Anne-France.

« Ça quoi ? »

Elle regardait en l'air.

« Ça, là-haut, dans le ciel. »

Intrigués, les trois garnements relevèrent la tête. Ils poussèrent un cri : tous les vêtements tournoyaient dans le ciel au-dessus de la place comme une bande de mouettes fantastiques !

« Quelle affaire ! » murmura Thomas. « Voilà où allaient les vêtements ! »

« Ils restaient à voler au-dessus de toi ! » murmura Antoine.

« Ils attendent peut-être que tu les appelles ! » dit Édouard.

Les enfants avaient cessé de rire et baissaient la voix. Les « nudistes » avaient à leur tour repéré leurs vêtements. Ils s'étaient attifés de serviettes de table et sortaient sur le trottoir en les montrant du doigt :

« Mon pantalon ! »

« Ma robe ! »

« Ma vareuse ! »

Ils les appelaient comme on appelle son chien :

« Ici, caleçon ! Aux pieds ! »

Rien à faire. Les vêtements volaient. Un agent de police attrapa son pistolet :

« Qu'est-ce que je fais, chef ? » demanda-t-il. « Je les abats ? »

« Non. Tout ce que vous risquez de faire, c'est des trous dans nos uniformes ! »

Les garnements réfléchissaient :

« Je leur rends leurs vêtements ? » proposa Thomas.

Les autres approuvèrent d'un signe de tête.

« Comment feras-tu ? » demanda Anne-France.

« Facile ! » dit Thomas.

Il plaça ses mains comme deux grandes oreilles et murmura :

« Chaussures ! Venez à toute allure ! »

Alors les chaussures décrivirent un large cercle en l'air au-dessus des toits et fondirent sur la place de la Contrescarpe. C'était la première fois qu'il pleuvait des souliers à Paris. Les gens se précipitèrent dessus. Il y eut une belle bousculade...

« Fais descendre le reste ! » dit Anne-France.

« Socquettes, chaussettes, collants ! Posez-vous sur-le-champ ! »

Les chaussettes glissèrent à terre. Elles s'abattaient doucement sur le sol en contournant les arbres. Les gens essayaient de les attraper au vol comme des pompons de manège.

« Pantalons ! Descendez, allons ! »

Et les pantalons atterrissaient comme des feuilles de platane.

Thomas continuait de donner des ordres. Les habits obliquaient vers la place comme font les pigeons lorsque la vieille dame leur offre des graines. Les « nudistes » les récupéraient. Ils n'osaient pas les interroger parce qu'ils avaient peur du ridicule. Ils les enfilaient à la hâte, et se sauvaient sitôt rhabillés. La police aussi. Bientôt, il ne resta personne à part les enfants. Par terre, on pouvait encore voir une casquette, un gilet vert et une robe d'enfant rouge.

« Ils ont oublié trois vêtements », dit Anne-France.

Thomas et Antoine échangèrent un coup d'œil. Ils savaient d'où venaient ces vêtements et à qui ils appartenaient.

« On va les leur rendre ? » proposa Antoine.

Thomas acquiesça. Ils allaient partir.

« Holà ! Les enfants ! »

Ils se retournèrent. M. Bertrand, le journaliste, arrivait en courant, son appareil photographique à la main :

« Il paraît qu'il y a une émeute dans le quartier ? »

« Oh non, monsieur Bertrand ! » répondirent les enfants d'une seule voix.

M. Bertrand soupira. On le dérangeait souvent pour rien.

Il poussa un cri tout à coup :

« Ma casquette ! »

Il la ramassa. Il la retournait en tous sens avec étonnement ; il se demandait comment elle s'était traînée jusque-là. Les enfants le quittèrent en direction de la rue Marcel-Aymé.

Le gilet vert et la robe rouge s'étaient envolés au-dessus de Thomas pour le suivre. M. Bertrand cligna des yeux. Il voyait deux habits en l'air, mais pas le fil à étendre le linge auquel ils étaient sûrement suspendus.

« Il faudra que je change les verres de mes lunettes », murmura-t-il.

Puis il ajusta sa casquette sur sa tête et remonta dans son automobile puisqu'il ne se passait décidément jamais rien sur la place de la Contrescarpe.

L'enfant qui envoyait valser les autres

Une qui avait son petit caractère, c'était Miss Camille.

« " Mademoiselle " Camille, s'il vous plaît ! »

Bon, d'accord. Mlle Camille était une grande sauterelle à tête de linotte. Et ce matin-là, tout marchait de travers. A peine arrivée à l'école, elle venait de se prendre de bec avec ses camarades à propos de choses importantes :

« Je vous dis que les dalmatiens ont les oreilles en pointe ! »

« Mais non ! » ripostait Prune. « Tu confonds avec les bergers allemands. »

« Pas du tout ! » s'écriait Camille. « Les dalmatiens sont de gros chiens à taches noires avec des oreilles pointues ! Je le sais ! La cousine de ma tante en est un — pardon, en " a " un ! » (Il y a des moments où il est préférable de ne pas confondre le verbe être et le verbe avoir.)

« Et moi je te dis qu'ils ont les oreilles pendantes ! » répéta Prune. « Demande à Jennifer. »

« C'est vrai », dit Jennifer. « Les dalmatiens ont les oreilles qui pendent. »

« C'est faux ! » vociféra Camille dressée sur la pointe des pieds. « D'abord, Jennifer n'y connaît rien ! »

« Demande à Lohic ! Il en a un ! »

« Je ne veux pas le savoir ! » s'emporta Camille.

« La vérité, c'est que tu as tort ! » lui lança Prune.

Camille l'affronta, les poings sur les hanches :

« Tort ! Moi ! Tu vas voir ! Abracadabra ! »

Et voilà que Prune se radoucit subitement. Elle écarta les bras et se mit à virevolter dans la cour : elle dansait. Des filles essayèrent de l'arrêter, sans y parvenir. Prune tournait de plus en plus vite parmi les élèves qui jouaient.

« Qu'est-ce qui lui arrive ? » demanda Angélique.

« Elle a été piquée par une *mouce* ? » demanda Arnaud. (Comme il zozotait, il disait une *« mouce »* pour une « mouche ».)

Guillaume le Grand (il y avait deux Guillaume dans la classe, Guillaume le Grand et Guillaume le Gentil, ce qui ne veut pas dire que Guillaume le Grand n'était pas gentil), Guillaume le Grand, donc, attrapa le bras de la danseuse pour la retenir au passage :

« Prune, arrête ! »

« Je ne peux paaaaaaas ! » répliqua Prune en chantant : « Tra-la-la ! »

Elle dansait de plus belle. Camille ricana :

« Ça lui apprendra à déclarer que les dalmatiens ont les oreilles pendantes ! »

« C'est pourtant la vérité ! » dit Jennifer.

Camille lui fit face :

« Toi, ne m'agace pas, ou je t'envoie valser aussi ! »

« Cause toujours ! »

« Abracadabra ! » dit Camille.

Jennifer éleva les bras en l'air en forme d'anse de panier, se dressa sur la pointe des pieds et se mit à danser à pas menus dans la cour à son tour. Arnaud ameuta les camarades :

« Venez vite ! Camille *sanze* (change) les filles en *sampionnes* (championnes) de danse ! »

« Toi, tais-toi ! Abracadabra ! » riposta Camille.

Et Arnaud se mit à danser aussi gracieusement qu'un canard.

« *Ze* (je) ne peux pas m'arrêteeeeeer ! » chantait-il. « Tra-la-lère ! »

Ses amis l'entouraient en lui demandant à quoi il jouait.

« Mais *ze* (je) ne *zoue* (joue) pas ! *Ze* (je) tourne parce que Camille m'a *zeté* (jeté) un sort ! »

« Et alors ? » demanda Camille. « Il y en a d'autres que ça intéresse ? »

Anne-France haussa les épaules :

« Tu parles ! Ce n'est même pas toi qui... »

« Abracadabra ! » s'écria Camille.

Et Anne-France se mit à danser en tapant des pieds par terre à la manière des danseuses espagnoles. Les autres riaient.

« Il ne lui manque que les *casse-noisettes* ! »

ricana Antoine. (Il voulait dire « les castagnettes » mais se trompait de mot.)

« *Casse-noisettes* toi-même ! » lui lança Camille. « Et abracadabra ! »

Antoine se mit à danser le rock. Il agitait les bras et levait les jambes en cadence, et il chantait :

« Vive le rock ! Tra-la-la ! »

Les autres riaient. Guillaume le Grand hocha la tête :

« Mais pourquoi dansent-ils comme cela ? »

« Parce qu'ils m'éneeeervent ! » brailla Camille.

« Et pourquoi t'énervent-ils ? » demanda Ève qui venait d'arriver.

Lohic répondit à la place de Camille :

« Elle prétend que les dalmatiens ont les oreilles pointues ! »

« Parfaitement, monsieur ! » s'entêta Camille.

« Mais c'est faux ! » dit Lohic. « Je le sais, puisque mon chien est un dalmatien ! »

« C'est peut-être un loulou sans que tu le saches ! » insinua Camille.

« Je te dis que c'est un dalmatien ! »

« Et moi je te dis que je vais te faire valser ! Abracadabra ! »

Et voilà Lohic lancé à travers la cour en faisant des pirouettes.

« C'est idiot », fit Ève. « La valse, ça ne se danse pas tout seul. »

« Va lui servir de cavalière ! » dit Camille. « Et abracadabra ! »

Ève se retrouva dans les bras de Lohic. Ils valsaient autour des arbres. Camille affronta les élèves qui l'encerclaient.

« Vous voudriez peut-être aller au bal aussi ? »

Les élèves souriaient. Ils secouaient la tête pour dire que non, mais ils n'étaient pas rassurés. De nouveaux arrivants grossissaient les rangs des curieux. Ils se renseignaient.

« C'est Camille qui est une sorcière », expliqua quelqu'un.

A ces mots, Camille se fâcha tout rouge :

« Qui est-ce qui a dit ça ! Qui ? »

La bande recula. Plusieurs enfants regardaient Victor. Il s'expliqua :

« C'est vrai. Si c'est toi qui fais danser les gens, c'est que tu es une sorcière... »

« Abracadabra ! » dit Camille en guise de réponse.

Et Victor s'élança en dansant comme un kangourou. Il ressemblait à une grande poupée désarticulée. En d'autres circonstances, ses camarades auraient éclaté de rire à le voir gigoter comme cela, mais cette fois, ils firent trois pas en arrière en murmurant.

« Abracadabra ! Abracadabra ! » répéta Camille.

Une douzaine d'enfants entrèrent dans la

danse. Certains pratiquaient le tango, d'autres le twist. D'autres encore organisaient une ronde. Tous les enfants qui ne dansaient pas regardaient maintenant les danseurs en se demandant s'il s'agissait d'un nouveau jeu collectif. Ils essayaient de freiner ceux qui valsaient, mais ceux-ci semblaient posséder une grande force car ils les repoussaient brutalement en arrière. Les maîtres surveillants avaient interrompu leur conversation à la porte de l'école. Yanis et Jean-François accoururent au-devant d'eux :

« Monsieur ! Monsieur Lebois ! »

« Qu'y a-t-il ? »

« C'est Camille ! Venez vite ! »

Monsieur Lebois suivit les garçons.

« Et qu'est-ce qui arrive à Camille ? »

« Elle envoie valser tout le monde ! » expliqua Jean-François.

D'autres enfants accouraient en renfort. Un petit groupe suivait le maître.

« Camille est une sorcière ! » criaient les enfants.

« Ne dites pas de sottises ! » dit le maître.

Il tenta d'intercepter les valseurs Lohic et Ève, mais les deux enfants le rejetèrent en arrière et le firent pirouetter sur lui-même comme une toupie.

« Hé ? » fit le maître étonné.

« Arrêtez-nouuuuuus ! Tra-la-laaaaa ! » chantait Ève emportée par le tourbillon.

Le maître s'immobilisa, intrigué. Il réfléchissait.

« C'est Camille qui est une sorcière ! » répétaient les enfants.

Ils entouraient Camille, à distance car elle venait d'envoyer une vingtaine de nouveaux enfants rejoindre les autres sur la « piste de bal », comme elle disait. Le maître fendit les rangs de curieux et s'approcha :

« Holà, "Camomille" ! » fit-il en souriant. « Il paraît que tu es prodigieuse ? »

Pour rire, il appelait Camille « Camomille », ou « Miss Camille ».

L'enfant désigna la masse des élèves d'un coup de menton :

« Ils m'énervent ! » dit-elle en tapant du pied par terre.

« Hou-hou ! Sorcière ! » murmurèrent les élèves.

Elle se fâcha :

« Abracadabra ! » cria-t-elle.

Trente autres élèves se mirent à danser. Ils étaient maintenant plus d'une soixantaine à gigoter dans la cour. Le maître en appela deux :

« Prune ! Arnaud ! Cessez de gesticuler et venez ici ! »

« Ils ne peuvent pas », ricana Camille. « C'est une danse magique ! »

« Magique ? » dit le maître.

« Oui, c'est moi qui les fais danser parce

qu'ils prétendent que les dalmatiens ont les oreilles tombantes. »

« Et alors ? »

« Alors, les dalmatiens ont les oreilles pointues. De fines oreilles pointues. »

« Ça m'étonnerait », dit le maître.

Camille fronça les sourcils. Le maître reprit :

« Les dalmatiens ont les oreilles pendantes. Je n'y suis pour rien. »

Camille le regardait d'un drôle d'air, un peu de côté :

« Vous ne confondez pas avec les teckels ? » demanda-t-elle.

« Nous vérifierons dans le dictionnaire si tu veux », proposa le maître.

La fillette approuva d'un mouvement de tête. Le maître constata qu'elle était calmée.

« Et si tu ordonnais à tes camarades d'arrêter le bal ? » suggéra-t-il.

« Oui », accepta Camille. « Abracadabrabradacabra A. »

Et tous les danseurs s'arrêtèrent. Ils haletaient, ils étaient épuisés.

« Ouf ! *Ze* (je) n'en peux plus ! hhh ! » soupira Arnaud.

Le maître se pencha vers Camille :

« Entre nous », dit-il, « c'était une plaisanterie, n'est-ce pas ? Ils faisaient semblant de ne pas pouvoir s'arrêter de danser ? »

« Pas du tout. »

Le maître avança les lèvres et fit une moue souriante qui devait vouloir dire : « Tu essaies de me faire marcher. » Les élèves se tenaient en grappe autour de lui par peur de Camille.

« C'est une VRAIE sorcière ! » murmura Prune. « Elle nous a FORCÉS à danser... »

« Mais non », dit le maître. « Personne ne peut obliger quelqu'un qui ne veut pas danser à danser... »

« Mais elle, elle le peut ! » affirma Ève. « Elle m'a fait valser avec Lohic et il m'a écrasé les pieds ! »

Le maître s'éloigna en souriant. Soudain, il revint. Il leva le doigt :

« Camille, si tu as le pouvoir de faire danser les autres, alors fais danser tout le monde à l'instant même ! »

« Abracadabra ! » dit Camille.

Dans la cour, tout le monde se mit à danser. Tout le monde. Les élèves. Les maîtres et M. Lebois. Tout le monde... excepté Camille. Le tourbillon du bal circulait entre les acacias. M. Lebois faisait de grands gestes, sans doute dansait-il le charleston.

« Arrêêêêêêête ! Tra-la-la ! » chantait-il.

La sonnerie de l'école retentit. Camille se mit en rang toute seule pour entrer en classe, son cartable à la main. Et elle attendit. Mais elle s'ennuyait. Alors, elle regarda le grand bal et soupira :

« Abracadabra-bradacabraA ! »

Le bal était terminé. Les élèves coururent s'aligner. M. Lebois fit signe aux premiers d'avancer, tout en rajustant sa cravate.

« Voilà bien longtemps que je n'avais dansé comme ça ! » dit-il. « J'espère que tu n'as pas d'autres pouvoirs, Camille ? »

« Si », dit Camille. « Je peux faire marcher tout le monde sur les mains quand on me contrarie. »

Le maître leva les yeux au ciel. Il se demandait ce qui se passerait s'il mettait une mauvaise note à Miss Camomille. Il pensait aux métiers difficiles comme pêcheur en mer ou mineur de fond, et il se disait que tout compte fait, le plus dangereux de tous était le métier d'instituteur rue Marcel-Aymé !

Pierre le Calme et Pierre le Nerveux

Les deux Pierre s'étaient attardés à jouer aux billes dans la rue après l'école. Pierre le Calme se releva ; il tenait une carte plastifiée à la main.

« Qu'est-ce que tu as trouvé ? » demanda Pierre le Nerveux.

« Une carte téléphonique. »

« Fais voir. Est-ce qu'elle est bonne ? »

« Ça m'étonnerait. Si quelqu'un l'a jetée, c'est qu'elle ne sert plus. »

« Il l'a peut-être perdue », fit remarquer Pierre le Nerveux.

Son visage s'illumina d'un large sourire :

« Hé ! Si on l'essayait ! On irait dans la cabine au bout de la rue, et on appellerait nos parents ! »

Pierre le Calme réfléchissait. Il pesait toujours le pour et le contre avant d'agir, alors que Pierre le Nerveux fonçait tête baissée.

« D'accord », dit Pierre le Calme. « Tu sais comment faire ? »

« Oui ! Je l'ai fait une fois avec mon père. »

Les garçons allèrent à la cabine au bout de la rue Marcel-Aymé. Ils y entrèrent, ils étaient à l'étroit. Pierre le Nerveux déposa son cartable à ses pieds. Pierre le Calme referma la porte vitrée.

« On se croirait dans un aquarium », dit-il.

« Donne-moi la carte », dit Pierre le Nerveux.

Il décrocha le combiné. Sur l'écran de l'appareil, une inscription disait : *« Introduisez la carte dans la fente. »* Il poussa la carte dans la fente. L'inscription sur l'écran changea : *« Crédit cent francs. Composez le numéro. »*

« Qu'est-ce que ça veut dire : "crédit cent francs" ? » demanda Pierre le Calme.

« Ça veut dire que la carte est valable et qu'on peut téléphoner pour cent francs », dit Pierre le Nerveux.

Puis il se mit à rire :

« Et si on téléphonait à des gens pour s'amuser ? On ferait un numéro au hasard, et on raconterait des bêtises ? »

« Quelles bêtises ? »

« Par exemple qu'il y a le feu à leur immeuble, ou qu'ils ont gagné un cadeau à un jeu de la télévision ! »

« Et on recevra une fessée ? » fit Pierre le Calme.

« Personne ne saura que c'était nous ! Regarde ! Je fais un numéro au hasard sans regarder ! »

En même temps qu'il parlait, Pierre le Nerveux appuya sur les touches numérotées. A cet instant, quelqu'un frappa à la cloison de verre. Les enfants se retournèrent. La dame aux pigeons les appelait :

« Qu'est-ce que vous faites ? »

« On téléphone ! » cria Pierre le Nerveux en réponse. (Il criait à cause de la cloison de verre.)

« Vous savez comment faire ? » demanda la vieille dame.

« Oui ! » dit Pierre le Nerveux.

Et il appuyait sur les touches sans les regarder. Pierre le Calme le tira par la manche :

« Laisse tomber ! Je sens que ça va mal finir ! »

« Mais non ! » dit Pierre le Nerveux en pressant la dernière touche.

« De toute façon », fit Pierre le Calme, « personne ne te répondra au numéro que tu as composé ! C'est un numéro qui n'existe pas ! »

L'appareil affichait : *« Numéro composé : 00 00 00 00. »*

« Mais ? » s'écria Pierre le Nerveux. « Je n'ai pas composé ce numéro ! »

Il regardait l'appareil d'un air incrédule lorsque le combiné qu'il tenait en main disparut. Plop ! Subitement.

« Holà ! Qu'est-ce qui se passe ? »

« Fichons le camp ! » s'écria Pierre le Calme.

Au même instant, l'appareil suspendu à la paroi de verre disparut à son tour. Plop ! Les gamins se bousculèrent pour sortir. La vieille dame vit bien à travers la vitre qu'il se passait quelque chose :

« Les enfants ! » dit-elle avec anxiété. « Tout va bien ? »

Plop ! La cabine disparut avant que les deux Pierre n'aient eu le temps de s'en échapper. Il n'y avait plus rien. Et même, pour les deux garçons, c'était la vieille dame qui avait disparu, la rue également. Ils étaient sur une colline verdoyante au milieu d'une grande forêt, et c'était le soir.

« Ah ! » s'écria Pierre le Nerveux.

Son cartable était à ses pieds, mais dans l'herbe.

« Où sommes-nous ? » s'interrogea Pierre le Calme.

Lui avait gardé son cartable au dos.

« Où est la dame aux pigeons ? » s'inquiéta Pierre le Nerveux. « Elle était là il y a une minute... »

« Chut ! Écoute ! »

Les enfants entendirent des voix qui chantaient en nasillant. Le chant se rapprochait :

C'est nous, les sept nains joyeux !
Nous n'avons pas froid aux yeux !

« Regarde ! »

Une troupe de sept nains arrivait sur le sentier qui sortait de la forêt. Ils marchaient à la queue leu leu, une pelle ou une pioche sur l'épaule et une lanterne à la main. Ils portaient des drôles de tenues vertes avec des bonnets, et c'était un nain à longue barbe blanche qui les conduisait. Les deux Pierre échangèrent un regard :

« Mais... ce sont les nains de Blanche-Neige ? » dit Pierre le Nerveux.

« C'est Prof qui marche en tête ! » compléta Pierre le Calme.

« Et voilà Atchoum ! Simplet ferme la marche ! »

Les nains passaient sur le chemin un peu au-dessus des enfants ; ils se dirigeaient vers l'autre partie de la forêt. Ils chantaient :

Nous revenons du travail !
Et nous rentrons au bercail !
Blanche-Neige nous attend
Nous sommes tous très contents !
Elle a fait un gros gâteau
Que nous mangerons bientôt !

Ils s'enfoncèrent dans le bois sombre. Bientôt leur chant faiblit, au fur et à mesure qu'ils s'éloignaient.

« Leur maison est sûrement par là ! » dit Pierre le Nerveux.

« Où sommes-nous ? » s'inquiéta Pierre le Calme.

Il faisait de plus en plus nuit. Un hurlement se fit entendre.

Les enfants frissonnèrent. Ce hurlement...

« Qu'est-ce que c'était ? » chuchota Pierre le Nerveux.

« Je... Je ne sais pas... » chuchota Pierre le Calme.

Le hurlement retentit de nouveau, mais plus près. Les enfants se jetèrent au sol. Une petite chèvre arriva en bondissant sur la colline. Elle était toute blanche. Elle gronda :

« Je ne me laisserai pas faire ! Je me battrai ! »

« C'est ce qu'on verraaaaaa ! » hurla la grosse voix que les enfants avaient déjà entendue.

Et un énorme loup noir surgit de la forêt. La chevrette lui fit face. Le loup se jeta sur elle, mais elle le reçut à coups de corne en criant :

« Tiens ! Prends ça ! Maudit loup ! »

« Je t'aurai ! Je t'aurai, la chèvre de M. Seguin ! Comme j'ai dévoré toutes tes sœurs ! »

La chevrette s'enfuit, poursuivie par le loup. Ils disparurent sur l'autre versant de la colline. Les deux Pierre n'osaient plus bouger.

« Tu as entendu ! » chuchota Pierre le Calme. « C'était le loup ! »

« Oui ! Nous sommes au pays des contes ! » chuchota Pierre le Nerveux.

Au même instant leur parvint un bruit de carrosse, et ils virent passer un lourd véhicule remorqué par six chevaux noirs. Quelle affaire ! Le carrosse ressemblait à une grosse citrouille. Les enfants se levèrent pour appeler, mais le cocher ne leur accorda aucune attention et fouetta ses chevaux. Le carrosse s'enfonça dans la forêt. Les garçons étaient déçus.

« C'était le carrosse de Cendrillon ! » dit Pierre le Calme.

« Elle allait sûrement au bal ! » dit Pierre le Nerveux.

« Et nous sommes perdus », rappela Pierre le Calme.

« Regarde ! On voit une lumière entre les arbres ! »

Les garçons s'aventurèrent vers cette lumière. La nuit était noire sous les arbres et l'on entendait les hululements des hiboux, et au loin par intermittence les hurlements des loups.

« J'ai peu-eu-eur ! » s'écria Pierre le Calme en claquant des dents.

« Moi au-au-aussi ! » répondit Pierre le Nerveux.

Ils atteignirent une maisonnette éclairée qui ressemblait à une vieille auberge. Ils frappèrent à la porte : Toc-Toc-Toc !

Une femme ouvrit :

« Qui êtes-vous, mes enfants ? »

« Nous sommes deux écoliers de la rue Marcel-Aymé, et nous sommes perdus ! Pourrions-nous passer la nuit chez vous, madame ? »

« Hélas, mes enfants, vous êtes ici dans la maison de l'Ogre et... »

Elle s'interrompit car on entendait de forts craquements de bois cassé dans la forêt :

« Entrez vite ! Voilà mon mari ! J'entends ses

bottes de sept lieues écraser les branches des arbres. Entrez et cachez-vous avant qu'il ne vous voie ! »

Les deux Pierre s'engouffrèrent dans la maisonnette. L'Ogre arrivait. Vite, ils escaladèrent l'escalier et trouvèrent refuge au premier étage. Ils poussèrent une porte et se glissèrent dans une chambre. A peine y étaient-ils que la porte du bas fut ouverte bruyamment et que l'Ogre fit son entrée. Les deux Pierre se jetèrent sous le lit en tremblant. L'Ogre tapait des pieds pour se débarrasser de la boue collée à ses bottes, et sa femme l'accueillait en disant qu'elle avait fait cuire du chevreau. Mais la grosse voix de l'Ogre retentit, elle faisait vibrer la toiture :

« Ça sent la chair fraîche ! »

« Non, non », répondait sa femme...

« Je sens bien que ça sent la chair fraîche ! »

Et l'Ogre escalada l'escalier en trois bonds. Il poussa la porte de la chambre.

« Ah ! » gémit Pierre le Calme.

« Ah ! » gémit Pierre le Nerveux.

L'Ogre entra. « Il va nous trouver et nous égorger ! » pensaient les gamins. Mais l'Ogre poussa un long grognement de satisfaction sans s'être mis à quatre pattes pour regarder sous le lit.

« Ils sont là tous les sept ! Je m'en doutais ! »

Puis il sortit et referma la porte. Les deux

Pierre l'entendirent descendre l'escalier pour aller manger à la cuisine. Ils se ressaisirent.

« Il est parti ? » chuchota Pierre le Calme.

« Il ne nous a pas vus ! » chuchota Pierre le Nerveux.

« Mais alors ? Pourquoi était-il content ? » chuchota Pierre le Calme.

« Parce qu'il a trouvé quelqu'un d'autre, pardi ! » dit alors une petite, toute petite voix.

Les deux Pierre tressaillirent. La petite voix venait de SUR le lit.

« Sortez de votre cachette, les gars ! C'est moi qui ai parlé. »

« Qui ? » balbutia Pierre le Calme.

« Moi le Petit Poucet, évidemment ! » dit la voix.

Alors les deux Pierre sortirent de dessous le lit. Ils trouvèrent le Petit Poucet assis dans le lit, auprès de ses frères endormis.

« Je vous ai vus arriver », dit le Petit Poucet.

Il se leva.

« Où vas-tu ? » chuchota Pierre le Calme.

« Dans la chambre voisine », répondit le Petit Poucet en se dirigeant vers la porte. « Je vais voler leurs couronnes aux sept filles de l'Ogre, et je les coifferai de nos bonnets. Maintenant, taisez-vous, le temps que j'ouvre la porte. »

Les deux Pierre se turent. Le Petit Poucet ouvrit la porte et se faufila dans le couloir vers la chambre des filles de l'Ogre. Il revint sur la pointe des pieds. Il rapportait les sept couronnes d'or qu'il déposa sur les têtes de ses frères endormis et sur la sienne. Il se recoucha.

« Quand l'Ogre viendra », expliqua-t-il, « il nous prendra pour ses filles et ne nous fera aucun mal. En revanche, il prendra ses filles pour nous à cause de nos bonnets sur leurs têtes. Et ce sont elles qu'il égorgera. »

Les deux Pierre connaissaient l'histoire, le conte du Petit Poucet est célèbre. Ils se faisaient tout de même du souci :

« Et nous ? » balbutia Pierre le Calme.

« Sautez par la fenêtre », dit le Petit Poucet. « Je la refermerai derrière vous. »

Il se releva et ouvrit la fenêtre :

« Sautez ! »

« Heu », fit Pierre le Calme. « Nous allons nous faire mal ! »

« Non. Il y a un tas de paille dessous. »

« Bon. Au revoir. »

« Vite ! Écoutez : l'Ogre se lève de table ! »

Les deux Pierre sautèrent. Le Petit Poucet referma la fenêtre derrière eux et se recoucha. Les deux Pierre étaient tombés sur un tas de paille, en effet. Ils se relevèrent en frissonnant. Ils se serraient l'un contre l'autre, car il faisait nuit noire. Une chouette passa en jetant son cri lugubre. Les enfants courbèrent la tête.

« Fi-fi-filons ! » bredouilla Pierre le Nerveux.

Ils coururent comme des fous sur le sentier pendant dix minutes. Puis, ayant laissé la maison de l'Ogre à bonne distance, ils firent halte sous les châtaigniers. Ils étaient à bout de souffle. Ils haletaient :

« Hhh ce qu'il faudrait hhh », soupirait Pierre le Calme, « ce serait hhh retrouver la butte hhh où nous sommes hhh arrivés ! »

« Suivons hhh le chemin hhh », souffla Pierre le Nerveux, « il nous conduira hhh bien quelque hhh part ! »

Ils s'élancèrent à gauche.

« Rrou ! Pas par là ! » roucoula une drôle de voix.

« Hein ? Qui parle ? »

« Rrou, c'est moi ! » roucoula la voix. « Le pigeon. Au-dessus de vous, sur la branche. »

Ils levèrent la tête et virent la silhouette du pigeon sur fond de nuit bleue.

« Rrou, je vous ai suivis », dit le pigeon. « J'étais entré dans la cabine téléphonique avec vous. Je suis un pigeon de la vieille dame. »

« Ah. »

« La colline est de l'autre côté. Je vous ai attendus ici quand vous vous êtes aventurés dans la forêt parce que je ne peux pas voler entre ces arbres. »

« Guide-nous ! » dit Pierre le Nerveux.

« Rrou, suivez-moi ! »

Il volait devant. Grâce à lui, les enfants

retrouvèrent la butte. Comme ils l'atteignaient, douze coups sonnèrent au loin. On apercevait des lumières.

« Rrou, c'est le château du Prince Charmant », roucoula le pigeon. « Je le sais parce qu'un cousin ramier m'a renseigné. »

« Écoutez ! »

Pierre le Calme était en alerte. Quelqu'un courait. Une fille en guenilles surgit tout à coup de la forêt. Elle eut un sursaut de peur à la vue des garçons et fit un écart avant de reprendre la fuite.

« Elle a perdu une pantoufle de fourrure en nous évitant », observa Pierre le Calme.

Et il ramassa la pantoufle.

« Je sais ! » s'écria Pierre le Nerveux. « C'était Cendrillon ! Elle revenait du bal ! »

« Rrou », approuva le pigeon. « Et j'entends ses poursuivants ! »

Le Prince apparut en courant, escorté d'une douzaine de gardes porteurs de flambeaux. Ils entourèrent les deux Pierre :

« Vous l'avez vue hhh ? » haleta le Prince. « Une belle princesse hhh ! Par où est-elle allée hhh ? Parlez hhh ! »

« Ne vous faites pas de souci, monsieur le Prince », dit alors Pierre le Calme. « Vous la retrouverez. »

« Mais comment ? » se lamenta le Prince. « Je ne sais ni son nom ni son adresse ! »

« Facile », déclara Pierre le Calme. « Voici sa pantoufle. »

« Et alors ? » dit le Prince d'un air dédaigneux. « Qu'est-ce que vous voulez que je fasse d'une "godasse" ? »

« C'est une "godasse" magique », insista Pierre le Calme. « C'est une pantoufle que seule Cendr... (Il se reprit, car il allait révéler le surnom de la jeune fille.) ... que seule la Princesse peut chausser. Il vous suffira pour la retrouver de la faire essayer par toutes les demoiselles du royaume. »

« Vous croyez ? »

« Oui ! » approuva Pierre le Nerveux. « La pantoufle rétrécit lorsque ce n'est pas la Princesse qui l'essaie. Chaussez-la vous-même, vous vous en rendrez compte ! »

Le Prince haussa les épaules :

« Je chausse du 42 ! » dit-il. « Comment voulez-vous que mon pied entre là-dedans ! Mais vous ! Des enfants ! Cette pantoufle devrait vous aller ! Essayez-la ! Toi, le plus petit d'abord ! »

Il s'adressait à Pierre le Nerveux. Le garçon se déchaussa pour essayer d'enfiler la pantoufle magique. Mais voici que la pantoufle rétrécit, rétrécit. Pierre ne put la chausser.

« Quelle affaire ! » s'écria le Prince étonné.

« Quelle affaire ! » répétèrent les gardes.

Le Prince était tellement heureux qu'il voulait inviter les garçons au château. Ils refusèrent :

« Nous devons rester ici », expliqua Pierre le Calme.

« Nous attendons une cabine téléphonique », ajouta Pierre le Nerveux.

« Ah bon », dit le Prince Charmant qui ne savait pas ce que c'était car dans son royaume, on communiquait grâce aux fées.

Il fit faire demi-tour à ses gardes. Mais avant de les emmener, il s'approcha des deux Pierre en ôtant deux bagues de ses doigts :

« Je vous fais cadeau de ces diamants pour vous remercier. Acceptez-les, c'est un ordre ! »

Les enfants remercièrent. Le Prince et ses soldats reprirent le chemin du château au pas de course.

« Demain, il retrouvera Cendrillon », prédit Pierre le Calme avec émotion.

« J'aimerais mieux retrouver mon cartable ! » gémit Pierre le Nerveux.

« Rrou ! Il est là », roucoula le pigeon.

Les deux Pierre s'assirent dans l'herbe à côté.

« Qu'est-ce qu'on fait ? » demanda Pierre le Calme.

« On attend », dit Pierre le Nerveux.

« On attend quoi ? » grommela Pierre le Calme. « Que la sorcière de *Hans et Gretel* nous attrape, ou que *Barbe-Bleue* nous étrangle ? »

« Non », dit Pierre le Nerveux. « On attend que la cabine revienne. »

« Parce que tu crois qu'elle reviendra ! »

« Oui. Écoute : qu'est-ce qui a tout déclenché ? »

« Heu. Notre coup de téléphone. »

« Exactement ! Et nous serons absents aussi longtemps que la carte permettra de téléphoner ! Voilà ce que je pense ! »

Pierre le Calme fit entendre un petit sifflement admiratif :

« Pas bête ! Dès que le crédit de la carte sera épuisé, la communication s'arrêtera ? »

« C'est ce que je crois ! » dit Pierre le Nerveux.

« Oui, mais quand ? »

« Rrou, tout de suite ! » roucoula le pigeon. « Regardez ! »

Les enfants se levèrent précipitamment et le pigeon se posa sur l'épaule de Pierre le Calme. Les vitres de la cabine apparaissaient à travers de bizarres volutes de fumée. L'appareil téléphonique se matérialisa, et Plop ! aussi subitement qu'il était parti, le combiné revint dans la main de Pierre le Nerveux. En même temps, le paysage de collines s'effaça, et l'on entendait des coups frappés contre la cloison de verre. Alors, la rue Marcel-Aymé reparut, la vieille dame aux pigeons tapait à la vitre de la cabine en appelant :

« Hou-Hou ! Les enfants ! Où êtes-vous ? Répondez-moi ! »

La cabine se stabilisa. Pierre le Nerveux raccrocha le combiné du téléphone. Il ramassa son cartable et sortit à la suite de Pierre le Calme. La vieille dame les attendait :

« Vous m'avez fait peur ! » dit-elle. « La cabine avait disparu ! Où donc étiez-vous ? »

« Au pays des contes », répondit Pierre le Nerveux en faisant admirer sa bague.

Les enfants calculaient qu'entre le départ de Cendrillon pour le bal et les douze coups de minuit, il s'était écoulé quatre heures. Pourtant, ici, rue Marcel-Aymé, il faisait encore grand jour.

« Nous avons disparu longtemps ? » se renseigna Pierre le Calme.

« Au moins cinq minutes ! » s'exclama la vieille dame. « Je m'inquiétais ! »

« Quelle affaire ! » murmura Pierre le Calme.

« Quelle affaire ! » murmura Pierre le Nerveux.

« Quelle affaire ! » roucoula le pigeon qui avait fait le voyage avec les enfants, et qui en était revenu tout bleu.

« Comme il est joli », dit la vieille dame en le caressant. « Mais ce n'est pas une raison suffisante pour qu'il me fasse caca sur le bras, saperlipopette ! »

Elle allait s'essuyer, mais poussa une exclamation de surprise. Les garçons ouvraient de grands yeux ronds eux aussi, car la vieille dame avait cueilli la crotte du pigeon entre le pouce et l'index, et cette crotte brillait, toute jaune...

« C'est... c'est... » balbutia la vieille dame.

« C'est de l'or », confirma le pigeon. « J'ai rencontré une espèce de fée au pays des contes, et bref, elle m'a donné le pouvoir de crotter des pépites d'or pur... »

La vieille dame souriait, très heureuse :

« Chic ! » dit-elle. « Je vais pouvoir m'acheter un vélo ! »

L'enfant qui donnait des coups de pied

On parlait de la Révolution française à l'école. Arnaud leva le doigt. Il avait quelque chose d'urgent à demander. Le maître lui donna la parole.

« Pourquoi que *les zens* (les gens) qui étaient emprisonnés à la Bastille ne se sauvaient-ils pas ? » zozota-t-il.

« Eh bien », répondit M. Lebois. « Ils essayaient. Certains ont même réussi. Mais ce n'était guère facile. » Arnaud reprit la parole. Quand il était lancé, impossible de l'arrêter.

« Ils n'avaient qu'à péter les murailles ! A leur place, moi *z'aurais* (j'aurais) foutu un coup de pied dans la muraille et *ze* (je) l'aurais crevée ! »

« On ne dit pas "j'aurais foutu un coup de pied", mais "j'aurais donné un coup de pied"; et de plus », fit remarquer le maître, « on ne "pète" pas une muraille, on la "démolit". Sans compter que je ne crois pas qu'on puisse réussir à le faire à coups de pied... » La classe s'amusait parce qu'Arnaud s'excitait. Impossible de l'empêcher de parler ! Autant essayer d'empêcher l'eau de la rivière de couler à l'aide d'une passoire ! Il haussa la voix :

« Moi ! Moi, ma sœur, elle m'a enfermé hier dans la *sambre* (chambre) pendant que nos parents étaient *sez* (chez) des amis. Elle croyait que *ze* (je) ne pourrais pas sortir, mais moi *z'ai* (j'ai) foutu un grand coup de pied dans le mur et *z'ai* (j'ai) fait un trou dedans, et *ze* (je) suis passé à travers. »

Les élèves éclatèrent de rire. Certains applaudissaient. Arnaud s'excitait, très heureux de son succès :

« Après, *z'étais* dans la salle de *sézour* et ma sœur avait aussi fermé la porte à clé. Alors *z'ai* foutu un autre grand coup de pied dans le mur et *z'ai* fait un autre trou dedans, et *ze* suis passé à travers ! »

La classe s'amusait follement, d'autant qu'Arnaud faisait semblant de donner des coups de pied en racontant son histoire. Le maître hochait la tête et souriait. Arnaud reprit en élevant la voix pour dominer les rires :

« Alors *ze* suis arrivé dans le couloir. Mais ma sœur avait encore fermé la porte à clé. *Z'ai* foutu un grand coup de pied dans le mur et *ze* l'ai crevé comme les deux autres, et *ze* me suis retrouvé dans la salle de bains. »

Les élèves riaient et se poussaient du coude. Le maître dit :

« Tu ne crois pas que tu exagères un peu ? »

« Non ! Non ! » s'écria Arnaud avec fougue. « *Ze* dis la vérité ! »

Nouveaux éclats de rire des élèves. On entendait des réflexions :

« Quel sacré menteur ! » disait Guillaume le Grand.

« Il est pire que le baron de Münchhausen ! » ajoutait Florian.

On voyait aussi des enfants donner des coups de pied dans le vide en l'imitant :

« Alors *z'ai* foutu un coup de pied à la tour Eiffel et elle est tombée par terre ! » ricanait Thomas.

Mais Arnaud s'était mis debout et il continuait sans se soucier du reste. Il criait plus fort que tout le monde :

« Ensuite, ma sœur avait fermé la porte de la salle de bains à clé. Alors *z'ai* foutu un autre grand coup de pied dans le mur et *ze* suis passé à travers et *ze* me suis retrouvé dans la *sambre à cousser* de mes parents ! »

« Ma parole ! » fit entendre Christophe. « Son appartement était plus percé qu'un morceau de gruyère ! »

« Tu vas voir qu'il va nous dire que la porte de la chambre de ses parents était fermée à clé ! » ricana Guillaume le Grand en donnant un coup de coude à Victor.

« Et tu vas voir qu'il "foutra" un coup de pied dans le mur ! » répliqua Victor.

Arnaud ne tenait pas compte des interruptions. Il reprit en bégayant un peu car il s'énervait de plus en plus :

« Ma-ma-malheureusement, ma sœur avait fermé à clé la porte de la *sambre à cousser*. Alors *z'ai* foutu un grand coup de pied dans le mur et *ze* l'ai éventré, et *ze* suis passé par le trou dans la *sambre* de ma sœur ! »

La classe était pliée en deux de rire sur les tables. Le maître riait également. Arnaud continua son récit :

« Mais ma sœur avait quitté sa *sambre.* Elle avait quitté l'appartement pour aller *sez* ma grand-mère, et elle avait fermé la porte à clé. Alors *z'ai* foutu un grand coup de pied (toute la classe dit la phrase en même temps que lui : j'ai foutu un grand coup de pied) dans le mur et *ze* lui ai fait un sacré trou. Et *ze* suis passé à travers, *ze* me suis retrouvé *sez* les voisins ! Ils étaient en train de *manzer* du *potaze.* Ça leur a fait un drôle d'effet de voir le mur s'écrouler. Mais *ze* leur ai dit : “ Ne vous *déranzez* pas, *ze* connais le *semin.* ” Et *ze* suis sorti dehors par la porte. Et voilà ! »

La classe étouffait de rire. Arnaud s'aperçut enfin qu'on s'amusait à ses dépens. Il se rebiffa :

« Si vous ne me croyez pas *ze* peux vous montrer ! »

« Oui ! Oui ! » s'écria Guillaume le Grand. « “ Fous ” un coup de pied dans le mur de la classe ! Hi-Hi-Hi ! »

« *Z'en* foutrai un si *ze* veux ! Et d'abord *ze* déteste tous les murs parce qu'ils *empêssent* les *zens* de passer ! Quand *ze* serai grand, *ze* démolirai tous les murs ! Et vive la liberté ! »

Les élèves s'esclaffaient car Arnaud demeurait très sérieux. Le maître alla ouvrir la porte de la classe. Il sourit et dit :

« Je te signale qu'il existe des portes pour franchir les murs, et que c'est moins fatigant de les ouvrir que de donner des coups de pied dans les murailles... »

« *Ze* m'en fous ! *Ze* déteste les murs ! *Ze* les démolirai à coups de pied ! »

« Il est comme sa sœur ! » ricana Ève. « Il veut donner des coups de pied partout ! Rappelez-vous ! Elle shootait dans les chapeaux des gens ! (*) »

La classe s'amusait. Arnaud se mit en colère :

« Taisez-vous ou *ze* fous un coup de pied dans un mur de la classe ! »

« Et tu te péteras le gros orteil ! » ricana Thomas.

« *Ze* ne me péterai rien du tout ! *Ze* péterai le mur ! »

Éclat de rire général. Le maître désigna la cloison de briques qui séparait la classe de la classe voisine :

« Si monsieur le démolisseur veut se donner la peine de shooter dans ce mur », dit-il avec ironie, « il peut essayer de marquer le but ! »

Arnaud serrait les poings et les dents :

« Ne *m'oblizez* pas à le faire ! » gronda-t-il

* Lire « Et voilà le travail ! » (École des Loisirs.)

d'un air si menaçant qu'il ne réussit qu'à réjouir ses camarades encore plus. « Ne me forcez pas à faire un malheur, sinon il y aura un trou dans votre mur, *ze* vous le *zure !* »

« Vas-y ! Cogne ! » crièrent les élèves en réponse.

« Attends le coup de sifflet de l'arbitre ! » cria Alexandre.

Les phrases moqueuses fusaient de tous côtés. Un élève commença à dire Hooooo-ooooooo, comme on fait sur les terrains de football lorsque le goal va shooter dans le ballon pour dégager son camp, et la classe répéta Hoooooooooooooooooo... Tout le monde attendait le coup de pied d'Arnaud pour crier : Hisse ! Mais personne ne le fit parce qu'Arnaud avait reculé, pris un mètre d'élan, et Vlan ! il venait de flanquer un coup de pied au mur ! Alors on entendit un grand craquement, et un morceau de mur s'effondra ! Les briques dégringolaient par terre avec des gravats ! Un nuage de poussière s'éleva au-dessus des ruines.

« Saperlipopette ! » dit le maître.

« Saperlipopette ! » répétèrent les élèves en se levant tous ensemble.

« Quelle affaire ! » dit le maître.

« Quelle affaire ! » répétèrent les élèves.

Le nuage de poussière retombait. Le trou dans le mur mesurait plus d'un mètre de diamètre. A travers, on pouvait voir les enfants de la classe voisine qui faisaient coucou. Arnaud croisa les bras et dit dans le silence :

« Voilà ce que *ze* peux faire quand *ze* suis *fassé* ! (fâché). »

Le maître s'était approché du trou ; il se trouva nez à nez avec la maîtresse de la classe voisine, venue aux renseignements de son côté.

« Qu'est-ce qui se passe ? » demanda-t-elle.

« C'est Arnaud qui prend la Bastille », répondit le maître.

« Et quand *ze* serai grand », ajouta l'enfant, « *ze* foutrai des coups de pied dans les murs des casernes, des commissariats, des impôts, des pâtisseries, des *bizouteries,* des banques, des... »

Le maître l'arrêta :

« Holà ! Tu ne préférerais pas donner des coups de pied dans un ballon ? » suggéra-t-il.

« Il le crèverait ! » s'exclama Guillaume le Grand.

La porte de la classe s'ouvrit brusquement et le directeur entra en courant, affolé :

« Que se passe-t-il ? J'ai entendu un bruit violent ! On aurait dit un effondr... — Oh ! »

Il venait de découvrir la brèche dans le mur. Il restait bouche bée devant. Il regardait tour à tour la classe et le trou. Arnaud se redressa fièrement :

« C'est moi qui ai fait le trou », dit-il. « *Z'ai* pété le mur. *Ze* lui ai foutu un coup de pied. *Ze* peux péter tous les murs et quand *ze* serai grand *z'en* péterai plein ! *Ze* serai péteur de murs ! Et vive la liberté ! »

« Bonne idée », approuva le directeur, trop étonné pour se mettre en colère. « Mais en attendant, je vais téléphoner à ton père. J'espère pour toi qu'il a le pied plus doux que le tien, parce que je crois que ce soir, tu vas le recevoir au derrière ! »

La course des cartables

Rue Marcel-Aymé ce soir, quel remue-ménage à la sortie de l'école ! « Ève a un pouvoir ! Ève a un pouvoir ! »

« Alignez vos cartables à travers la rue ! »

« Qu'est-ce qui se passe ? » demanda Laurent le Teigneux.

« Mets ton cartable avec les autres ! » répliqua Guillaume le Grand.

« Pour quoi faire ? » demanda l'autre Laurent, qu'on appelait Laurent le Paisible pour ne pas le confondre avec son homonyme.

« Pour faire la course ! » répondit Guillaume le Grand.

« Quelle course ? » demanda Camille.

« La course des sacs ! »

Et Guillaume fila houspiller des élèves qui n'arrivaient pas assez vite. Déjà, une douzaine de cartables étaient alignés côte à côte en travers de la petite rue.

« Que faites-vous, les enfants ? » demanda le maître qui partait.

« Il va y avoir une course ! » répondit Prune. « Une course de sacs ! »

« Une course EN sac ? »

« Non, une course DE sacs », répondit Ève en appuyant sur DE. « Vous voyez les cartables alignés ? Ils vont faire la course. »

« Ah », dit le maître. « Et qui mettrez-vous dans les cartables pour les faire courir ? »

« Personne ! » dit Jean-François. « Ils courront tout seuls. »

Il ajouta prudemment :

« C'est ce qu'on m'a dit. »

« Montez sur les trottoirs ! » criait Guillaume le Grand aux enfants. « Dégagez la rue ! »

Des camarades l'aidaient à faire la police. On les voyait repousser des enfants aventurés sur la piste prévue pour la course. Une vingtaine de cartables étaient désormais sur la ligne de départ que Lohic achevait de tracer à la craie. Un public d'écoliers et de parents se pressait sur les deux trottoirs, et piaffait d'impatience.

« Mais que se passe-t-il donc ? » demanda la dame aux pigeons en promenade, ses pigeons autour d'elle.

« Les enfants organisent une course », la renseigna M. Lebois, l'instituteur. « Ève a le pouvoir de faire courir les cartables. »

« Qui donnera le départ de la course ? » demanda la vieille dame à Guillaume.

« Ève. »

Sur le trottoir, des élèves discutaient, brandissaient des images et des billes :

« Je te parie deux images que le cartable rouge arrivera le premier ! » déclarait Victor.

« Je t'en parie dix que ce sera le jaune ! » ripostait Yanis.

« Et moi je parie que mon cartable arrivera avant les autres ! » se vantait Édouard.

Lohic s'approcha du maître et de la dame aux pigeons :

« Je vous parie cinq billes que le cartable vert va gagner. »

« Je ne parie pas », répondit le maître. « D'ailleurs je n'ai pas de billes. »

Un pigeon se posa sur l'épaule de la vieille dame, et roucoula :

« Rrou ! S'ils veulent organiser une course, ils ont intérêt à se dépêcher parce que je viens de voir le camion de livraison arrêté devant le café ! Quand le livreur aura débarqué ses caisses, le camion repartira et il s'engagera dans la rue ! »

Lohic courut avertir Ève et Guillaume. Ce dernier secouait les traînards. Il se retourna pour annoncer, les mains en porte-voix :

« La course va partir ! Tout le monde sur les trottoirs ! »

« Tout le monde sur les trottoirs ! Tout le monde sur les trottoirs ! » répétaient les enfants du service d'ordre.

La rue fut dégagée. Les enfants se penchaient pour voir les cartables alignés au départ. Ève était à côté. Quelqu'un lui avait prêté un sifflet. Elle leva la main.

« Attends ! » cria Guillaume le Grand.

Deux vélos étaient appuyés contre le mur d'un immeuble. Il courut les prendre et les coucha au milieu de la rue Marcel-Aymé :

« Ça fera des *ostacles* pour les sacs ! » (il voulait dire des « obstacles »).

Il revint auprès d'Ève :

« Vas-y ! »

La fillette porta le sifflet à sa bouche et souffla dedans un grand coup. Alors tout le monde poussa un cri parce que... les cartables frissonnèrent ! Ils bougeaient ! Ça y est ! Le premier gigotait ! D'autres l'imitaient ! Ils sautillaient sur place ! Ils s'échauffaient ! C'était superbe ! Ils firent un bond en avant !

« Saperlipopette ! » murmura M. Lebois.

« Quelle affaire ! » murmura la dame aux pigeons.

Les sacs se dandinaient comme des canards, sautaient comme des grenouilles, rampaient comme des serpents ou roulaient comme des potirons ! Les enfants s'enthousiasmaient, criaillaient, battaient des mains pour encourager les champions !

« Allez le vert ! Allez le jaune ! Vas-y le rouge ! »

Et comme le cartable rouge avait pris la tête de la course, ils chantèrent en rythme :

« Allez-le-rouge ! Allez-le-rouge ! Alleeeeeez ! »

Le peloton de cartables bondissait, roulait, glissait, se tortillait vers les vélos jetés sur la rue. Ils allaient très vite. Les enfants hurlaient comme au cirque pour les encourager :

« Vas-y ! Saute ! Saute ! »

Les cartables enjambèrent les vélos. Hop-là !

Certains dégringolèrent à la grande joie des spectateurs ; mais ils se redressèrent et repartirent. Guillaume le Grand suivait les derniers en trottinant. Il faisait semblant de commenter la course dans un micro comme un journaliste :

« Les cartables arrivent sur l'ostacle ! Le rouge le franchit sans difficulté, suivi du vert à une encolure et du gros du peloton ! Ah ! Le vert vient de chuter ! Le bleu tombe par-dessus ! Ils se relèvent ! La course continue ! Le rouge est toujours en tête et semble se détacher ! Il vire au bout de la rue, talonné par le jaune et le marron ! Les concurrents vont aborder *l'ostacle* pour la deuxième fois sur le trajet de retour ! C'est le rouge qui le franchit le premier, les deux poursuivants le passent également, mais le quatrième dégringole ! Trois autres concurrents s'écroulent par-dessus ! Ils repartent ! Mais ils sont distancés ! Et voilà l'arrivée mesdames et messieurs ! Le rouge a gagné ! »

« Hourraaaaaaaaaaaaaah ! » crièrent les enfants sur toute la longueur de la rue.

Les cartables s'étaient arrêtés sur la ligne d'arrivée. Ils ne bougeaient plus, aux pieds d'Ève. Leurs propriétaires vinrent les récupérer, mais ils n'osaient pas trop les toucher : maintenant, ils en avaient un peu peur...

« Quelle affaire ! » murmura M. Lebois, le maître d'école.

« Le rouge était le meilleur », dit la dame aux pigeons.

« Normal », dit Édouard qui passait, « c'était mon cartable. Il était moins chargé que les autres car je n'emporte jamais mon livre de lecture. »

Alors des disputes éclatèrent parmi les parieurs. Les perdants ne voulaient plus payer les images dues. Ils accusaient le cartable d'Édouard de tricherie, disant qu'il était moins chargé que les autres et que c'était inadmissible. La bagarre aurait dégénéré si le pigeon n'avait roucoulé :

« Rrou ! Attention les gars ! Voilà le camion ! »

Le camion de livraison entrait dans la rue. Les enfants relevèrent les vélos et les appuyèrent contre le mur. Chacun ramassa vite fait son cartable, plus personne n'avait peur. Les enfants se dispersèrent.

Comme la rue était étroite, ils marchaient à la queue leu leu sur les deux trottoirs pour livrer le passage au camion. Ève laissait son cartable avancer tout seul devant elle. La rue fut bientôt déserte et... silencieuse. M. Lebois salua la vieille dame :

« Ces enfantastiques me surprendront toujours ! » avoua-t-il.

« Heureusement ! » sourit la vieille dame. « Sans eux, qu'est-ce qu'on s'ennuierait dans le quartier ! »

L'enfant et les mouches

Dans la classe, chacun travaillait. Le maître circulait entre les tables. Soudain, il s'immobilisa et fit :

« Ah ! »

Les élèves relevèrent la tête. Le maître était auprès de Laurent le Teigneux, et à côté de l'enfant était assis un autre garçon... que personne n'avait jamais vu.

« Mais ? » lui dit le maître. « Qui es-tu toi ? Qu'est-ce que tu fais là ? »

« C'est un nouveau », répondit pour lui Laurent le Teigneux. « Il est venu en classe avec nous. Je crois que c'est le directeur qui lui a dit de nous suivre. »

« Ah », dit le maître.

Il se tourna vers le nouvel élève, qui était vêtu d'un pantalon gris et d'un pull-over noir. Cet élève avait de gros yeux qui suivaient les mouvements du maître.

« N'aie pas peur », dit M. Lebois pour le rassurer. « Comment t'appelles-tu, mon garçon ? »

« Bzz. »

« Pardon ? »

« Bzz. »

Drôle de réponse. La classe commença à ricaner. Le maître réclama le silence :

« Soyez gentils, » dit-il. « Cet enfant est sûrement ému. N'est-ce pas ? » ajouta-t-il en s'adressant au nouveau venu.

« Bzz. »

La classe ricana.

« Si ça se trouve, c'est tout ce qu'il sait dire ! » fit Ève.

« Mais non », dit le maître. « Comment t'appelles-tu, mon garçon ? »

« Bzz. »

Éclat de rire de la classe. Le maître insista :

« Tu parles français ? Oui ? Non ? »

« Bzz. »

Le maître se tourna vers les élèves pour leur recommander la patience :

« Cet enfant est peut-être étranger », expliqua-t-il.

Il se pencha au-dessus de l'inconnu :

« De quel pays viens-tu, mon garçon ? »

« Bzz. »

« Moi je ne connais pas ce pays-là ! » ricana Guillaume le Grand.

« Ça doit être un pays bzz-bzz-bizarre ! » ricana Pierre le Nerveux en faisant rire ses camarades.

Le maître traversa la classe et montra la carte du monde :

« Ici, c'est la France. Toi ? Tu viens de quel pays ? »

« Bzz. »

Éclats de rires des enfants. Le maître fronça les sourcils et regagna son bureau :

« Remettez-vous au travail », dit-il, « pendant que je lui donne des cahiers. »

Les enfants obéirent à contrecœur. Ils pensaient davantage au nouvel élève qu'aux verbes, sujets et compléments qu'il fallait encadrer dans le texte. Ils regardèrent M. Lebois déposer les cahiers sur une table, entre Alix et Antoine, puis prendre le nouveau venu par la main pour l'amener s'asseoir à cette place. Le maître ouvrit un cahier à la première page :

« Recopie le texte », dit-il. « Comme ça, je verrai ce que tu sais faire. »

« Bzz. »

« Il n'a pas de stylo », dit Alix.

« Je lui en prête un ! » s'écria Antoine.

Le nouveau prit le stylo sans rien dire. Le maître regagna son bureau. Déjà, deux élèves avaient terminé leur exercice. Le maître corrigea leurs cahiers. Un cri de Pierre le Nerveux lui fit relever la tête :

« Oh ! Regardez son écriture ! »

Du coup, les élèves se regroupèrent autour du nouveau, et le maître accourut. C'est simple : la page était recouverte de taches.

« Saperlipopette ! » dit le maître.

« Saperlipopette ! » répéta la classe.

« Bzz », fit le nouveau.

Le maître se grattait la tête.

« C'est tout ce que tu sais faire ? » demanda le maître.

« Bzz. »

« Ce n'est pas demain que tu passeras le bac ! » fit remarquer Camille au garçon.

« Il aura de la barbe quand il le passera ! » ajouta Ève.

« Et il sera marié et il aura des petits enfants qui répondront Bzz Bzz quand on les interrogera ! » renchérit Christophe.

Les élèves s'amusaient. Le maître les calma :

« S'il vous plaît ! Ne vous moquez pas de lui. Il y a certainement une erreur ; ce garçon doit aller dans une autre classe. Nous aviserons à la récréation. En attendant, remettez-vous donc au travail ! »

Les élèves regagnèrent leur place. Ils allaient reprendre leur ouvrage lorsqu'un nouveau cri du maître retentit :

« Ah ! »

Le maître était auprès de Laurent le Teigneux comme précédemment, et à côté de l'enfant était assis un autre garçon... que personne n'avait jamais vu non plus, et qui ressemblait au premier. Alors, tout le monde vérifia la présence du premier entre Alix et Antoine. Quelle surprise ! Le garçon était assis sagement là où on l'avait amené. Il n'avait pas bougé. Il se passait les mains sur la bouche et sur le nez, on aurait dit qu'il se léchait les doigts. Ses gros yeux ronds bougeaient. Mais alors ? Qui était ce deuxième garçon assis à côté de Laurent le Teigneux et qui ressemblait au premier comme un frère jumeau ? Comme lui d'ailleurs, le second se léchait les mains, et ses yeux furetaient partout.

« Saperlipopette ! » s'écria le maître. « Qui est-ce ? »

« C'est le frère du premier », répondit Laurent le Teigneux. « Ils étaient ensemble et je crois que c'est le directeur qui leur a dit de venir dans notre classe et... »

« Taratata ! » dit le maître. « Toi, tu me racontes des histoires ! Je sais bien qu'il n'y avait qu'un garçon tout à l'heure ! D'où le second sort-il ? »

« Heu... Il est entré... pendant que vous vous occupiez de son frère », répondit Laurent le Teigneux.

« Bizarre ! » fit le maître.

Puis il demanda au garçon :

« Comment t'appelles-tu ? »

« Bzz. »

« Quel âge as-tu ? »

« Bzz. »

« D'où viens-tu ? »

« Bzz. »

« Je m'en doutais », dit le maître.

Les élèves riaient joyeusement. Ils posaient des questions au premier Bzz pour s'entendre répondre Bzz. Ils imitaient le bourdonnement de ses réponses. Ils faisaient semblant de lui poser des questions dans son langage, comme ceci :

« Bzz bzz bzz bzz bzz ? »

« Bzz », répondait l'inconnu.

« Une minute ! » s'écria le maître.

Il fit face à Laurent le Teigneux :

« C'est le directeur qui a envoyé ces deux garçons dans notre classe ? Tu l'as entendu ? »

Laurent le Teigneux hésita. Il se troublait, rougissait :

« Heu, oui, heu, je crois... »

« Tu crois ou tu l'as vu et entendu leur dire de nous suivre ? »

« Heu, j'ai cru, puisqu'ils nous suivaient dans les escaliers... »

« Ça c'est faux ! » s'écria Alexandre. « C'était moi le dernier du rang avec Édouard. On les aurait vus ! »

Le maître fronçait les sourcils. La chose n'était pas claire : pourquoi le directeur ne lui avait-il pas parlé des nouveaux ce matin, alors qu'ils s'étaient rencontrés dans la cour comme tous les jours ?

« Laurent », dit le maître, « je crois que tu me racontes des histoires. »

« Non. Heu. Je ne sais pas moi. Heu. »

« Qui a vu les jumeaux sur les rangs ce matin ? » demanda le maître.

Les élèves secouèrent la tête avec un bel ensemble. Personne n'avait vu les jumeaux.

« Mais toi, tu les as vus ? » vérifia le maître en s'adressant à Laurent.

« Non. J'ai cru qu'ils étaient venus avec nous puisque... »

« Mon œil ! » fit soudain Camille en portant son index à son œil.

Tout le monde sentait que Laurent ne disait pas la vérité.

« Il ment ! Il est tout rouge et son nez remue ! » dit Christophe.

« Laurent », dit le maître, « si tu sais quelque chose que nous ne savons pas, je te demande de nous le dire... »

« Heu, eh bien, heu, voilà, heu, j'ai un truc heu... »

« Un truc ? Quel truc ? »

« Heu, un machin, heu... »

« Un machin ? »

« Il veut sûrement dire un bidule chouette ! » ricana Camille.

« Mais non ! » protesta Laurent. « Un pouvoir ! Voilà. J'ai un pouvoir ! »

« Quel pouvoir ? » demanda Victor.

« Je peux transformer les bêtes en personnes. »

« Quoi ? » dit le maître.

« Eh bien oui. Par exemple, je capture des mouches et je les transforme en garçons... »

« Beurk ! » fit entendre la classe d'un seul cri.

« Et », vérifia le maître en dévisageant tour à tour les jumeaux aux gros yeux, « tu veux dire que ces deux, heu... ces deux garçons, sont en réalité des... des mouches ? »

« Ben oui. »

« Beurk ! » fit encore entendre la classe d'un seul cri.

« Vous voulez que je vous montre ? » proposa Laurent. « J'ai encore une mouche dans ma main. »

« Non », fit le maître. « Non merci. »

« Si ! Si ! » s'écrièrent les élèves (mais quelques-uns étaient dégoûtés). « Monsieur ! Laissez-le nous montrer ! S'il vous plaît ! »

« Parce que c'est Noël ! » ajouta Camille en joignant les mains pour supplier le maître de se laisser attendrir.

Justement, on était en mai.

« Non », dit le maître. « Et toi, Laurent, commence par libérer la mouche que tu as capturée ! »

A regret, Laurent le Teigneux ouvrit la main. Une grosse mouche s'envola vers la fenêtre. Les enfants reluquaient les jumeaux « Bzz ».

Le maître soupira :

« Quelle affaire ! Je n'arrive pas à croire que ces deux... enfants soient des mouches ! »

« Pourtant », dit Guillaume le Grand, « ils ont bien des yeux de mouches !

« Et aussi », dit Estelle avec une grimace de dégoût, « ils se passent les mains sur la bouche comme des mouches. »

« Je comprends ! » s'écria soudain Pierre le Nerveux. « Je comprends pourquoi le premier écrivait en faisant des taches ! Il faisait des "pattes de mouche" ! »

Les élèves riaient. Mais tout de même, maintenant qu'ils savaient que les Bzz étaient peut-être des mouches, ils n'osaient plus s'en approcher. Ils se pressaient autour du bureau du maître tandis que les deux Bzz demeuraient seuls assis aux tables. Le maître baissa la voix :

« Tu peux les faire redevenir ce qu'ils étaient ? » demanda-t-il à Laurent.

« Oui, facile ! »

Il tira de sa poche une boîte ronde et l'ouvrit. Immédiatement, les deux Bzz tournèrent la tête vers cette boîte. Elle contenait une poudre blanche que Laurent fit tomber sur sa table.

« Écartez-vous ! » dit-il aux élèves et au maître.

Ils reculèrent tous. Les deux Bzz s'étaient levés et agitaient les mains. Leurs gros yeux étaient en alerte.

« Ne bougez plus ! » recommanda Laurent à la classe.

Au même instant, les deux Bzz firent un bond prodigieux en l'air par-dessus les tables. Les enfants poussèrent un cri d'effroi :

« Ah ! »

Les deux Bzz retombèrent sur la table où Laurent avait étalé la poudre blanche. Ils rétrécirent à vue d'œil jusqu'au moment où, brusquement, ils redevinrent mouches. Et c'était fini. Les deux mouches aspiraient le sucre en poudre. Laurent triompha :

« Vous voyez. Je vous l'avais dit que j'avais un pouvoir. »

« Beurk ! » fit la classe.

« Un pouvoir comme ça, tu peux le garder ! » murmura Ève.

Elle chassa les mouches d'un revers de main.

« Ouvre la fenêtre, Jérôme ! » commanda le maître.

Ce qu'il fit. Les mouches s'envolèrent au-dehors. On jeta le sucre à la poubelle. C'est ainsi que s'acheva sans gloire une des plus extraordinaires expériences de sciences naturelles jamais tentées rue Marcel-Aymé !

Le fauteuil

Jean-François s'assit dans le fauteuil du salon et dit :

« Hue ! »

Le fauteuil frétilla. Tiens, bizarre, se dit Jean-François. Il se pencha pour regarder les pieds du fauteuil et vit que le fauteuil les levait l'un après l'autre. Tiens, bizarre, se dit-il encore. Alors il releva la tête et vit le salon se déplacer. Tiens, bizarre, se répéta-t-il. Il comprit enfin que ce n'était pas le salon qui tournait, mais le fauteuil qui faisait le tour de la pièce. Il s'assit confortablement et dit :

« Hue ! Plus vite ! »

Le fauteuil trottina. Il tanguait comme un dromadaire dans le désert. C'était amusant. La promenade aurait duré longtemps si la mère de Jean-François n'était entrée. Elle vit le fauteuil baladeur et dit :

« Jean-François ! Qu'est-ce que tu as mis SOUS le fauteuil ? »

« Rien maman. »

Elle croyait qu'il y avait des roulettes sous le fauteuil. Elle se rendit compte qu'il n'y en avait pas et que le fauteuil levait les pieds comme tout le monde. Elle resta tellement saisie que Jean-François eut le temps de faire encore deux tours de salon. Puis elle déclara :

« Jean-François, arrête ce fauteuil s'il te plaît. »

« Hooo ! » cria Jean-François.

Et la diligence – pardon, je veux dire le

fauteuil s'arrêta. Jean-François en descendit. Sa mère le considérait avec perplexité.

« Jean-François, comment ce fauteuil se déplace-t-il ? »

« Ben, il marche », répondit Jean-François d'un air d'évidence.

« Comment ? »

« En mettant un pied devant l'autre. »

« Ça n'existe pas », dit la mère, « un fauteuil qui met un pied devant l'autre pour se déplacer. »

« C'est vrai », reconnut Jean-François.

« Qu'as-tu fait pour le faire marcher ? »

La maman inspectait le fauteuil sous toutes les coutures. Elle cherchait un moteur, mais n'en trouva pas.

« J'ai dit " Hue ! " », expliqua Jean-François. « Et le fauteuil a bougé. »

La mère soupira :

« Va faire ta toilette. Papa et les invités ne tarderont pas à arriver. »

« Quels invités ? » demanda Jean-François.

« La baronne du Devant-Derrière et son mari le baron », répondit la maman. « Tu tâcheras d'être sage, car la baronne est très à cheval sur la politesse ! »

« Si elle est à cheval », dit finement Jean-François, « elle voudra peut-être faire un tour de fauteuil ! »

La mère riait. Ces enfants ! Quelle imagination !

« File dans la salle de bains ! Et lave-toi ! »

« Oui maman, du sol au plafond ! » répondit Jean-François.

Il passa dans la salle de bains et fit couler l'eau. Il chantait en se déshabillant. Sa mère demeura seule dans le salon. Elle lorgnait le fauteuil d'un air soupçonneux. Elle se baissa, le tâta un peu partout comme un médecin vous palpe l'abdomen pour vérifier si vous n'avez pas avalé une balle de tennis. Elle se baissa même à quatre pattes pour l'inspecter par-dessous...

« Que fais-tu ? » demanda son mari en entrant.

La mère se releva :

« Rien. Je regardais sous le fauteuil. Tu es seul ? »

« Oui. Les du Devant-Derrière ne vont pas tarder. »

Le père se débarrassait, déposait sa serviette dans son bureau. Jean-François chantait dans la salle de bains. Le père alla lui dire bonjour :

« Fais vite, Jean-François ! Nos invités vont arriver. »

Il revint dans le salon. La mère était embarrassée.

« Est-il possible », demanda-t-elle, « qu'un objet inerte se déplace tout seul sans moteur ? »

Le père était ingénieur. Il ouvrit de grands yeux :

« Non », dit-il. « Impossible. »

« Eh bien », dit la mère, « le fauteuil bouge. »

Le père rit. La mère secoua la tête :

« Je l'ai vu faire le tour du salon. Jean-François était assis dessus. »

Le père rit de plus belle. Il dit :

« Il avait mis dessous une planche à roulettes ? »

« Non », répondit la mère. « J'aimerais que tu examines ce fauteuil. »

« Si ça peut te rassurer », dit-il, « moi je veux bien. »

Il inspecta le fauteuil pendant que la mère partait éponger Jean-François dans la salle de bains. Quand elle revint avec l'enfant propre et neuf et bien habillé, le père était tranquillement assis dans le fauteuil. Il avait tiré de sa serviette un dossier qu'il consultait en attendant les invités.

« Alors ? » demanda la mère.

« Alors ce fauteuil est très confortable. »

« Et en plus, il marche », ajouta Jean-François.

Le père rangea ses documents :

« Tu ne manques pas d'imagination », dit-il en se levant.

« Je vais te montrer », dit Jean-François.

Il allait grimper sur le fauteuil lorsque la sonnette de l'entrée retentit.

« Ce sont nos invités », dit la mère.

Elle alla leur ouvrir la porte, son mari la suivit. Jean-François resta dans le salon où la table était mise. Il avait envie d'un tour de fauteuil, mais ce n'était pas le moment. Il préféra rejoindre ses parents. Ceux-ci accueillaient dans le vestibule une forte dame en manteau de fourrure qui se tenait raide comme un parapluie, et la tête un peu en arrière. Son époux, tout vêtu de noir, était un petit vieux ridé aux yeux malicieux derrière d'épaisses lunettes. La baronne tenait un petit paquet du bout des doigts :

« Tenez ! C'est pour le “ petit ” ! » dit-elle.

Elle parlait en allongeant les lèvres, comme si quelque chose lui brûlait la langue. Jean-François reçut le cadeau et dit :

« Merci madame. »

« On dit “ madame la baronne ” », fit remarquer la baronne.

« Oui madame la baronne », dit Jean-François.

Le monsieur lui donna une poignée de main sans façon. Les parents de Jean-François firent entrer les invités au salon. Jean-François ouvrit son paquet. La baronne lui avait apporté un livre de ... mathématiques !

« Il faut que les enfants s'instruisent ! » dit-elle.

Jean-François regardait le livre d'un air déçu. Il le déposa sur le buffet.

« Alors, jeune homme ? » fit la baronne du

bout des lèvres. « J'espère qu'on est doué en mathématiques ? »

« Heu oui », répondit Jean-François, et il ajouta : « madame la baronne. »

« C'est bien ! » décréta la baronne en s'asseyant dans le fauteuil qu'on lui proposait. « Nous avons besoin de mathématiciens ! »

Elle parlait tout le temps et très haut. Son époux ne disait pas grand-chose. Jean-François resta auprès de sa mère. La baronne discourait :

« Est-ce que vous faites de l'équitation, mon garçon ? » demanda-t-elle. « Vous devriez pratiquer l'équitation ! C'est un sport noble, et qui plus est, un sport sain, chic et distingué... »

« Je ne fais pas de cheval », répondit Jean-François, « mais je fais du fauteuil, madame la baronne. »

« Pardon ? »

A voir la tête que faisait la baronne, on aurait pu croire qu'elle venait d'avaler une pomme d'un seul coup.

« Ben oui », expliqua Jean-François. « Je m'assois dans le fauteuil et il me promène. »

« Jean-François ! » intervint la maman. « Ne raconte pas d'histoires. »

Elle se tourna vers la baronne :

« Ce garçon est très imaginatif, madame la baronne. Excusez-le, je vous prie. »

La baronne se mit à rire très fort. Elle s'adressa à son époux :

« Vous entendez cela, Gustave-Anatole ? Le petit prétend se promener à dos de fauteuil ! »

« Mais c'est vrai », dit Jean-François. Puis il ajouta : « madame la baronne. »

Son père lui fit les gros yeux :

« Jean-François », dit-il, « n'importune pas les grandes personnes avec tes fantaisies. »

« Bon », dit Jean-François. « Si personne ne me croit... »

La baronne riait. La maman de Jean-François servit l'apéritif.

La baronne disait en pinçant le bec :

« Les enfants regardent trop la télévision ! Ils ne savent plus où est la réalité. »

« Mais c'est vrai », répéta Jean-François. « Il suffit de s'asseoir dans le fauteuil et de dire " Hue ! ". »

La baronne riait de plus en plus :

« Ah-Ah ! Mais de quel fauteuil parle-t-il, ce petit ? »

Le père dit :

« De celui dans lequel vous êtes assise, madame la baronne. »

« Ah-Ah ! » rit la baronne. « Il ne faudrait pas qu'il prenne le trot, car je ne suis pas en tenue d'amazone ! »

Les autres riaient avec politesse.

« Et comme ça », dit-elle à Jean-François, « il suffit de dire " hue " ? »

« Oui, c'est vrai. Vous voulez essayer ? »

« Jean-François ! » dit sa maman.

« Jean-François ! » dit son papa.

« Non, laissez », dit la baronne. « J'adore l'imagination des enfants ! Ah-Ah ! Si j'osais, je dirais... »

Elle riait. Elle dit tout à coup en riant :

« Hue ! »

Et alors le fauteuil tressaillit. Du coup, la baronne se tut. Le fauteuil souleva un pied, puis l'autre, puis le troisième, puis le quatrième.

« Saperlipopette ! » dit le père.

« Saperlipopette ! » dit la mère.

« Saperlipopette ! » dit le baron.

« Hé ! Holà ! Que se passe-t-il ! » s'écria la baronne apeurée. « Gustave-Anatole ! Venez à mon aide ! »

Trop tard. Le fauteuil avait pris le pas autour du salon. La baronne se cramponnait à ses bras. Les parents de Jean-François, d'abord surpris, essayaient de retenir le fauteuil marcheur, tandis que le baron riait à gorge déployée à voir son épouse ballottée. Il disait :

« Je n'ai jamais autant ri ! Ah-Ah-Ah ! »

Mais la baronne protestait. Les parents de Jean-François s'efforçaient de freiner le déplacement du fauteuil.

« Sautez, madame la baronne ! Sautez ! » recommandait le père.

« Je ne peux pas ! J'ai peur ! » criait la baronne.

« Jean-François ! Arrête ce fauteuil ! »

« Je ne le peux pas », dit Jean-François. « C'est la baronne qui l'a mis en marche ! »

« Que faut-il faire pour l'arrêter ? » demanda son père.

« La baronne n'a qu'à crier " Hoo ! ". »

Le père courut à côté du fauteuil autour du salon. La baronne appelait son époux à son secours, mais il ne bougeait pas car il s'étranglait de rire.

« Madame la baronne ! » appela le père de Jean-François. « Criez " Hoo " et le fauteuil s'arrêtera ! Criez " Hoo ", madame la baronne ! »

« Hoooo ! » cria la baronne effrayée.

Le fauteuil s'arrêta. La baronne en descendit en tremblant. Elle avait le vertige et ses jambes flageolaient. On l'amena s'asseoir sur le canapé ; mais lorsqu'elle se rendit compte où elle était assise, elle se releva en sursaut. « Vous voulez m'achever ! » criait-elle.

« Reposez-vous, madame la baronne. Calmez-vous... »

« Je ne resterai pas ici une minute de plus ! »

Elle s'élança vers le vestibule, attrapa son manteau de fourrure en appelant son époux :

« Gustave-Anatole ! Venez ! Nous partons ! »

Les parents de Jean-François s'excusaient,

rien n'y fit. La baronne s'impatientait, tapait du pied. Les parents faisaient de leur mieux pour l'amadouer.

« Gustave-Anatole ! Vous venez ? » criait la baronne furieuse.

Mais Gustave-Anatole, le baron, était resté dans le salon et il s'amusait. Il avait attrapé Jean-François par la main :

« Comment fais-tu marcher ce fauteuil ? »

« C'est simple : il suffit de lui dire Hue ! »

« Ah-Ah-Ah ! Fantastique ! »

« Gustave-Anatole ! Vous venez ! » trépignait la baronne. « Je vais partir ! »

« Une minute, très chère ! » répondit de loin le baron — mais sans venir. Au contraire, il alla s'asseoir dans le fauteuil. Il riait tout seul, et ses yeux malicieux pétillaient derrière ses lunettes ; il dit :

« Hue ! »

Et le fauteuil se remit en marche. Le baron s'amusait.

« Viens avec moi ! » dit-il à Jean-François.

Il le fit grimper en marche auprès de lui.

« Hue ! Plus vite ! » ordonna Jean-François.

« Hue ! Plus vite ! » répéta le baron.

Le fauteuil trotta, galopa même. Le baron était si heureux qu'il se mit à chanter des chansons de très mauvais goût qu'il avait apprises au régiment et que nous ne rapporterons pas ici. Il chantait si fort que les parents de Jean-François intrigués revinrent au salon et que la baronne passa même la tête par la porte ouverte. Ce qu'elle découvrit la scandalisa : le baron et Jean-François faisaient un rodéo dans le fauteuil. Elle tapa du pied par terre et cria en tordant la bouche :

« Gustave-Anatole ! Votre attitude est scandaleuse ! »

Elle tourna les talons et s'en alla ; les parents de Jean-François ne purent la retenir. Elle quitta l'appartement en claquant la porte derrière elle.

« Hoooo ! » cria Jean-François.

Le fauteuil s'immobilisa. Le baron en descendit d'excellente humeur. Les parents de Jean-François s'attristaient du départ de la baronne. Mais le baron leur serra les mains :

« Ah merci mes amis ! Merci ! Quelle soirée ! Je n'étais pas monté sur les chevaux de bois depuis mes huit ans ! Quel fameux fauteuil vous possédez ! Une merveille ! Et comme je vous l'envie ! » Puis il embrassa Jean-François :

« Je reviendrai te voir, mon garçon ! Nous ferons de bonnes parties de rodéo ! »

Il prit congé, s'en alla. Il chantait à tue-tête. Quand il fut parti, le père et la mère de Jean-François regardèrent la table et le bon repas qui n'avait pas été consommé. Puis le père se mit à rire tout doucement, et la mère à sourire...

« Quand je pense ! » disait le père de plus en plus amusé. « Quand je pense à la baronne Ah-Ah-Ah dans le fauteuil ! »

Alors la famille passa à table et se régala avec toutes les bonnes choses qui s'y trouvaient. Entre deux plats, le père et la mère s'offraient un tour de fauteuil. Jean-François se découvrit un nouveau talent qui consistait à dire « Hue ! » à sa chaise pour lui faire poursuivre le fauteuil. Ah, quelle bonne soirée !

L'enfant qui flottait en l'air

La petite Léa n'avait qu'un problème : elle était petite. Tout le monde lui disait :

« Léa, mange de la soupe ! Si tu n'en manges pas, tu vas t'envoler ! »

A la fin, elle en eut assez. Elle respira très fort et ferma la bouche pour ne plus répondre à personne. Elle croisa les bras et retint son souffle. On était en classe. Les écoliers essayaient de trouver la solution d'un problème lorsque Estelle (qui n'était pas bien grande non plus) accourut au bureau du maître. Elle chuchota :

« Monsieur ! Léa décolle ! »

« Quoi ? »

« Je l'ai vue. Elle ne touche plus son siège : elle est AU-DESSUS. »

« Voyons voir », dit le maître en se levant.

Il s'approcha de Léa. La fillette avait l'habitude de travailler à moitié assise à moitié à genoux sur sa chaise, à cause de la hauteur de la table. Et aujourd'hui...

« Saperlipopette ! » murmura le maître.

Elle était dix centimètres au-dessus du siège. Elle croisait les bras et retenait son souffle.

« Léa ? » dit le maître. « Qu'est-ce qui t'arrive ? »

Pas de réponse. Même pas un regard. En revanche, les élèves relevèrent la tête. Ils virent le maître auprès de Léa, et Léa en lévitation.

« Saperlipopette ! » dit la classe.

Et comme Laurent le Paisible venait de se découvrir un pouvoir, il commença de croquer son stylo qui se transformait en sucre d'orge à la fraise.

« Léa ! Tu décolles ! » dit le maître.

La petite fille regardait droit devant elle en croisant les bras.

« Elle est devenue trop légère ! » observa Émilie sa voisine.

« Elle n'a pas mangé assez de soupe ! » ajouta Anne-France.

« Elle serait plus lourde si elle avait mangé à midi les haricots de la cantine ! » ricana Camille.

Les élèves riaient. Pas Léa.

« Elle a perdu sa langue ! » dit Florian.

« Il va falloir lui mettre des *saussures* de plomb ! » zozota Arnaud.

« Elle flotte comme une bulle de savon ! » dit Prune.

« Et elle a encore monté », souligna Estelle.

C'était la vérité. Léa se trouvait à présent vingt centimètres au-dessus du siège. Elle bombait le torse, retenait sa respiration, et croisait les bras. Le maître appuya sur ses épaules pour la faire redescendre. Mais sitôt qu'il l'eut relâchée, elle remonta comme un bouchon enfoncé dans l'eau. Les enfants riaient.

« Il faudrait lui donner à manger pour l'alourdir », suggéra Émilie.

« Je peux lui donner mon goûter ! » offrit généreusement Alexandre.

Mais Léa le refusa, sans ouvrir la bouche. Elle secouait la tête et boudait.

« Reprenez le travail, laissez-la tranquille », recommanda le maître. « Elle descendra si l'on ne s'occupe pas d'elle. »

« Elle est comme les fakirs ! » ricana Florian. « Ils s'élèvent au-dessus des planches à clous ! »

« Au travail tout le monde ! » dit le maître.

Les enfants obéirent. Comme Laurent le Paisible n'avait plus de stylo (et pour cause ! il l'avait croqué !), Jean-Baptiste lui en prêta un. Il ne tarda pas à le sucer car il le transformait sans y penser en sucre d'orge, si bien que Jean-Baptiste poussa un cri :

« Mon stylo ! »

« Quoi ? » dit le maître.

Laurent avait dévoré le stylo. Le maître s'apprêtait à se fâcher lorsqu'un cri d'Estelle le fit se retourner :

« Elle décolle encore ! »

Léa flottait à hauteur des tables. Elle gonflait le torse et les joues, et croisait les bras comme une statue. Le maître appela deux garçons costauds, Jérôme et Boris :

« Tenez-lui les bras, qu'elle ne s'envole pas davantage. »

Il revint auprès de Laurent :

« Qu'as-tu fait du stylo de Jean-Baptiste ? »

« Je l'ai croqué. Il était délicieux. »

Les enfants riaient. Camille fit la grimace :

« Beurk ! Il a mangé de l'encre ! »

« Mais non ! » protesta Laurent. « Je l'avais changé en sucre d'orge ! »

« En sucre d'orge à quoi ? » se renseigna Victor.

« Au caramel. »

« Humm ! » fit Victor en se léchant les lèvres.

Le maître secouait la tête :

« On aura tout vu ! Quelle affaire ! »

Les enfants de la classe tendaient leurs stylos à Laurent :

« Change le mien ! Fais-moi un sucre d'orge à la framboise ! Fais-m'en un au cassis ! Fais-m'en un à la pistache ! »

« Silence ! » dit le maître. « Et regagnez vos places... »

Il se sentit tiré par la manche. C'était Estelle :

« Léa a encore décollé. »

En effet, les deux garçons qui la retenaient l'avaient lâchée quelques secondes pour tendre leurs stylos à Laurent. La fillette flottait maintenant (toujours dans la même posture) vingt centimètres au-dessus des tables. Boris et Jérôme étaient embarrassés.

« Ça ne fait rien », dit le maître. « Lâchez-la. »

Du coup, elle monta encore de dix centimètres. Elle gonflait la poitrine plus que jamais. Les élèves l'entourèrent. Ils étaient tranquilles car ils avaient donné leurs stylos à Laurent le Paisible, qui les avait transformés en sucres d'orge. Chacun suçait sa friandise.

« Va fermer la fenêtre s'il te plaît », demanda le maître à Guillaume le Grand. « Il ne faudrait pas que Léa s'envole au-dehors. »

« Et si on l'attachait à son siège ? » proposa Victor. « Ça l'empêcherait de monter. »

« Essayons », dit le maître.

Il prit dans l'armoire un long et large ruban qui servait pour le théâtre. Il l'enroula autour de la taille de Léa, puis il attacha l'autre extrémité à la table. Léa avait encore grimpé pendant ce temps-là et se trouvait à hauteur des têtes des élèves.

« Si elle continue, elle touchera le plafond ! » dit Lohic.

« Elle ne montera plus », estima le maître. « Le poids de la table l'en empêchera. »

Il se trompait. Voilà que la table fut soudain soulevée d'un côté. Le maître s'inquiéta :

« Léa, ma cocotte, est-ce que tu te sens bien ? »

Pas de réponse. Léa croisait les bras et fronçait les sourcils. Et le pied de la table décolla du sol un peu plus.

« Va chercher le directeur », ordonna le maître à Jennifer.

Le temps que Jennifer le trouve et le

ramène, Léa s'était encore élevée de trente centimètres. Sa table était totalement décollée du sol quand il arriva. Il vit Léa flotter à hauteur de sa tête :

« Holà ! Que se passe-t-il encore ? »

« Léa décolle », annonça le maître. « Nous avons essayé de la retenir, sans succès. »

Le directeur essaya de tirer Léa par la jambe ; mais sitôt qu'il l'eut relâchée, la fillette remonta. Elle remonta même un peu plus haut.

« Sapristi ! » fit le directeur.

« Sapristi ouistiti ! » répéta la classe en riant.

« Comment fait-elle ? » s'interrogeait le directeur ahuri.

« Je ne sais pas », dit le maître. « Et ce n'est pas elle qui nous l'expliquera, car elle boude. »

Dans la classe, tout le monde suçait délicieusement son stylo. Laurent le Paisible attrapa le stylo de Léa et le lui montra :

« Tu ne veux pas que je te change ton stylo ? »

La fillette ne répondit pas. Pourtant, son nez avait frémi. Ses yeux avaient regardé le stylo. Mais cela n'avait pas duré plus d'une seconde. Elle était de nouveau bien droite, bras croisés, le torse et les joues gonflées, et même elle était un peu rouge.

« Mais ? » fit le directeur en regardant les enfants. « Vous mangez vos stylos ? »

« Laurent a le pouvoir de les transformer en sucres d'orge », expliqua le maître.

« Mais avec quoi écrivez-vous ? » demanda le directeur.

« Avec les règles », répondit Yanis.

Il venait de changer la sienne en stylo de quatre couleurs. La classe éclata de rire. Le directeur se grattait les cheveux :

« Cette classe me rendra fou ! » dit-il.

Il se sentit tiré par la manche. C'était Estelle. D'une main, elle tenait son sucre d'orge, et de l'autre, elle désignait Léa qui se trouvait maintenant au-dessus des deux hommes. Sa table se balançait sous elle, attachée au ruban...

« Autant le dénouer, décida le maître, puisqu'il ne sert à rien... » Lui et le directeur grimpèrent sur des chaises pour détacher la table. Ils la déposèrent en douceur sur le carrelage. Aussitôt, Léa fit une ascension de cinquante centimètres et les élèves poussèrent une exclamation de surprise. Léa se trouvait hors de portée des mains du maître et du directeur.

« Je vais téléphoner aux pompiers », décida ce dernier.

Il quitta la classe. Léa croisait les bras et gonflait la cage thoracique.

« Pour une fois », observa Camille, « c'est Léa la plus grande de la classe ! »

« Et elle a encore monté », déclara Estelle.

« Elle va toucher le plafond ! » dit Jérôme.

« Elle est toute rouge ! Elle ressemble à un ballon rouge ! » dit Victor.

« Il faudrait la piquer avec une épingle pour la faire éclater ! » ricana Florian.

Les filles poussèrent des cris de protestation.

« Je disais ça pour rire ! » se défendit Florian.

N'empêche. Léa était en l'air. Les élèves poussèrent un soupir en la voyant s'élever encore dans l'air et toucher le plafond.

« Cette fois », dit Thomas, « elle ne montera pas plus haut. »

« Tant qu'elle est en classe, non », admit le maître. « Mais imaginez ce qui se passerait dehors ? »

« Elle irait dans la lune ! » dit Édouard en riant.

Le maître grimpa debout sur la table pour parler à l'enfant volante. Mais elle ne desserrait pas les dents. Elle boudait.

« Léa ? Redescends ! » suppliait le maître lorsque les pompiers arrivèrent avec le directeur.

Les pompiers avaient apporté un escabeau. Ils étaient trois et pour l'instant, ils se contentaient de regarder en l'air d'un air hébété :

« Quelle affaire ! » disaient-ils. « Comment fait-elle ? »

Le maître et le directeur leur firent remarquer que s'ils le l'avaient su, ils n'auraient pas fait appel aux pompiers. Ceux-ci déplièrent leur escabeau. Ils attrapèrent Léa par les chevilles. Mais l'un d'eux l'avait mal saisie et la relâcha, ce qui eut pour effet de la faire pivoter sur le côté. Elle remonta en l'air, retenue seulement par une jambe.

« Zut ! » s'écria le pompier qui avait lâché Léa.

« Vous savez », dit alors le maître, « ça ne sert à rien de la faire descendre de force. Dès que vous la relâcherez elle remontera. »

« Vous croyez ? »

Le pompier libéra Léa. Elle regagna le plafond en ligne droite. Les enfants riaient.

« Vous », leur dit le directeur, « vous feriez mieux de terminer votre devoir de mathématiques. »

En rechignant, ils regagnèrent leurs places. Yanis leur procurait des stylos en transformant les règles. Malheureusement, Laurent le Paisible passait derrière lui et changeait les stylos en une seconde tournée de sucres d'orge. Personne ne pouvait travailler. Les pompiers replièrent l'escabeau :

« Hélas », dirent-ils, « nous ne pouvons rien. Les enfants volants ne sont pas de notre domaine. Adressez-vous au ministère de l'Air. »

« Merci quand même », dit le directeur en les raccompagnant.

Ils sortirent. Le maître s'assit à son bureau. La classe dégustait ses sucres d'orge. Pendant quelques minutes, on n'entendit que le chuintement et le clappement des langues sur les sucreries. Alors il se produisit un long, long, mais très long, très très long soupir comme un pneu qui se dégonfle ; tout le monde leva la tête, et l'on vit Léa filer en zig-zag à travers la salle, Pffffffffff. Elle zigzaguait, filait à droite, à gauche, comme un ballon de baudruche qui se vide. Elle venait enfin d'expirer l'air qu'elle avait aspiré. Elle atterrit auprès de la bibliothèque, assise sur une machine à écrire. Le maître se porta à son secours, mais elle s'était déjà redressée.

« Léa ? Ça va ? Tu n'as pas de mal ? »

« Non non. »

Elle avait fini sa bouderie. On se demandait ce qui l'avait fait redescendre. On le comprit en la voyant tendre son stylo à Laurent le Paisible :

« Moi je le veux à l'orange ! » dit-elle.

Les mannequins

Émilie était dans le magasin rue Mouffetard. Elle venait chercher sa robe. La vendeuse était allée la prendre dans l'arrière-boutique.

« Psstt ! »

Émilie se retourna ; il n'y avait personne.

« Psstt ! »

Personne.

« Qui est-ce qui m'appelle ? » murmura Émilie.

« Nous, les mannequins. Ne parle pas si fort. »

Il y avait deux mannequins : un homme en costume noir et nœud papillon dans la vitrine de gauche, et une femme en robe de mariée dans la vitrine de droite. C'était l'homme qui avait parlé. Émilie s'approcha :

« Bonjour », dit-elle.

« Bonjour », dit le mannequin en baissant la voix.

C'était impressionnant de l'entendre, car ses lèvres ne bougeaient pas ; son visage était inexpressif.

« Écoute-moi », dit-il. « Nous avons peu de temps avant que la vendeuse ne revienne. »

« Et alors ? » dit Émilie.

« Alors elle est méchante. »

« Qu'est-ce qu'elle fait ? » demanda Émilie.

« Elle nous sépare tout le temps », répondit le mannequin homme.

« Oui », soupira le mannequin en robe de

mariée. « Elle nous met toujours dans des vitrines différentes, jamais ensemble. »

« Vous le lui avez fait remarquer ? » dit Émilie.

« Chut ! » murmura le mannequin homme. « Est-ce que tu peux nous aider ? »

« Oui », dit Émilie qui était serviable.

« Écoute. Quand la vendeuse t'apportera ta robe, tu feras semblant de t'en aller, mais tu ne fermeras pas tout à fait la porte. Tu nous attendras dans la rue. Nous te rejoindrons dès que la vendeuse sera retournée dans l'atelier. »

« Heu, je veux bien », dit Émilie.

Cependant, elle manquait d'assurance.

« Chut ! Silence ! » conseilla le mannequin car la vendeuse revenait.

« Voilà ta robe », annonça celle-ci.

Elle l'avait pliée dans une boîte qu'elle remit à Émilie.

« Elle est belle, la robe de mariée ! » dit Émilie.

« Très belle », reconnut la vendeuse.

« La mariée aussi », ajouta Émilie.

« Quelle mariée ? Ah, tu veux dire le mannequin. Ma foi... Ce n'est qu'un mannequin. Tiens, voici ton paquet. Au revoir. »

« Au revoir madame », dit Émilie.

Et elle sortit du magasin. Elle fit trois pas dans la rue en se demandant si elle n'avait pas rêvé, et se retourna. A travers la vitrine, elle vit la vendeuse passer dans l'arrière-boutique. Immédiatement, les mannequins se mirent en mouvement. Ils pivotèrent ensemble vers la porte entrebâillée ; ils marchaient par saccades comme des robots. Émilie écarquillait les yeux.

« Vite ! » lui dit le mannequin homme. « Emmène-nous ! »

« Heu », fit Émilie encore étonnée. « Heu. Oui. Heu. »

La mariée donnait le bras au marié.

« Vite ! » murmura-t-elle. « La vendeuse peut revenir ! »

« Heu, oui. Mais... Où voulez-vous aller ? »

« A la mairie ! Nous voulons nous marier ! »

« Mais... »

« Vite ! C'est de quel côté ? »

« Par là, mais... »

« Partons ! » s'écria le mannequin homme.

Émilie était désemparée. La mariée dit doucement (sans remuer les lèvres) :

« Si la vendeuse nous rattrape, elle nous remettra dans deux vitrines séparées... »

Elle était vraiment très jolie avec sa longue robe blanche et ses flots de mousseline et de dentelles. Émilie regardait la robe avec admiration.

« Prends ma traîne », lui dit la mariée.

« Oui », dit Émilie en se baissant pour soulever la traîne.

« Où est la mairie ? » s'impatientait le mannequin homme.

« Tout droit », dit Émilie. « Il faut remonter la rue jusqu'à la place de la Contrescarpe. Après on tournera à gauche. »

« En route ! » dit le marié.

Il se mit en marche raidement. La mariée était à son bras et Émilie suivait le couple mécanique. Les badauds les regardaient passer. Ils criaient joyeusement :

« Vive la mariée ! Vive la mariée ! »

« Vite ! Vite ! » disait le mannequin homme.

Il marchait trop vite pour un mariage. Émilie le lui fit remarquer :

« D'habitude, les mariés se promènent ; ils ne font pas un championnat de vitesse. »

« D'habitude », répliqua le mannequin sans se retourner, « les mariés ne risquent pas de moisir dans des vitrines ! »

Ce n'était pas faux non plus. Ils débouchèrent place de la Contrescarpe. La veille dame aux pigeons était là. Elle était ravie car elle venait de faire une promenade en banc avec Jean-François. Ils étaient allés au Jardin des Plantes. Le banc avait déambulé tranquillement dans le parc et dans les rues avant de revenir se poser sur la place.

« Et alors, ma mignonne ! » dit la vieille dame à Émilie. « Tu ne m'avais pas dit que tu allais à un mariage cet après-midi ! »

« Je ne le savais pas moi-même ! » répliqua Émilie.

« Dis donc ! » fit la vieille dame en marchant à côté de la fillette, « les mariés ont une drôle de démarche ! Ils sont aussi raides que des automates ! »

« Normal », dit Émilie. « Ce sont des mannequins. »

« Ah bon », dit la vieille dame. « Et où allez-vous ? »

« A la mairie », répondit Émilie. « Ils veulent se marier pour ne plus être dans des vitrines séparées. »

« Je vous accompagne », décida la vieille dame.

Elle se retourna et appela :

« Hou-hou ! Jean-François ! Tu viens ? »

Le garçon était assis sur le banc. Il se contenta de crier « Hue », et le banc rattrapa le groupe. Il se dandinait derrière Émilie et la vieille dame aux pigeons, qui suivaient elles-mêmes les mariés. La vieille dame alertait les gens qu'elle connaissait, elle les invitait au mariage. Une vingtaine de personnes se joignirent au cortège et l'on arriva bientôt à la mairie, place du Panthéon. Les deux mannequins gravirent solennellement les marches du perron.

« Halte ! Où allez-vous ! » leur demanda le gardien.

« Ils vont se marier », répondit Émilie à leur place.

« Pas de mariages aujourd'hui ! » répliqua le gardien. « Les mariages ont lieu le samedi. Or c'est aujourd'hui mercredi. Et jusqu'à preuve du contraire, le mercredi n'est pas le samedi et inversement. »

« Mais », dit Émilie, « il suffit d'appeler le maire. »

« Pas question ! » dit le gardien. « Il est parti jouer à la belote avec le préfet. »

« Dans ce cas, appelez l'adjoint au maire. Ne me dites pas qu'il est allé jouer aussi à la belote. »

« Non. Il joue à la pétanque. »

« Mais enfin ! » intervint la vieille dame aux pigeons qui commençait à s'impatienter. « Il y a bien quelqu'un dans cette mairie capable de marier ces mannequins ! »

« Ah ! » dit le gardien. « Ces gens sont des mannequins ? »

« Ça se voit ! » répliqua la vieille dame.

« Eh bien », dit le gardien, « il n'y a personne pour marier des mannequins ! Et d'ailleurs les mannequins ne se marient jamais. »

« Qu'en savez-vous ? »

« Je le sais parce que je le sais. Et d'abord, chassez d'ici vos sales pigeons, ils vont semer leurs crottes partout ! »

Alors, la vieille dame se mit en colère, et les gens la soutenaient :

« Mes sales pigeons ! Vous l'entendez ! De si

jolis et si gentils oiseaux ! Sales pigeons ! Alors qu'il y en a un qui fait des crottes en or ! »

Elle s'en prit au gardien :

« Misérable ! Est-ce que vos crottes à vous sont aussi précieuses que celle-ci ? »

Elle brandissait une crotte en or que le pigeon venait de lui laisser sur l'épaule. Le gardien recula en écarquillant ses yeux :

« Heu. Non. Je... Bon. Je vais avertir un adjoint. Attendez ici. »

Il rentra dans la mairie et grimpa à l'étage.

« Suivons-le ! » dit le mannequin homme.

« Il faut attendre », rappela Émilie.

« Non, entrons ! » dit le mannequin.

Et, prenant le bras de la mariée, il s'introduisit dans la mairie. Les employés regardaient passer le couple avec étonnement : une secrétaire laissa tomber une pile de dossiers qu'elle portait. Émilie, la vieille dame et tous les gens du cortège entrèrent dans la mairie et rattrapèrent les mariés dans les escaliers. Juste comme le groupe arrivait au palier du premier étage, un adjoint au maire se présenta. Il sursauta.

« Vous voyez, monsieur ! » lui dit le gardien qui l'accompagnait. « Ce sont des mannequins de magasin ! »

« Ils veulent se marier ! Ils en ont bien le droit ! » s'écria la vieille dame aux pigeons.

« Il y a un problème », dit l'adjoint. « Pour un mariage, il est d'usage de publier les bans. »

« Quels bancs ? » demanda Émilie. « Il y en a un dehors, Jean-François est resté assis dessus. »

Elle confondait les « bans » et les « bancs ». On lui expliqua qu'il était d'usage d'informer les gens d'un prochain mariage, et que cet usage s'appelait justement « publier les bans ».

« Mais nous n'avons pas le temps ! » s'écria la mariée.

Son visage était inexpressif, mais on entendit bien au son de sa voix qu'elle était malheureuse et tourmentée.

« S'il vous plaît, monsieur ! » supplia Émilie. « Il faut les marier avant que la vendeuse ne les reprenne ! »

L'adjoint hésita. Puis il dit :

« Je n'ai jamais marié de mannequins, mais il y a un commencement à tout. Suivez-moi. »

Les gens du cortège l'applaudirent. Tout le monde suivit l'adjoint dans la salle des mariages. L'adjoint se passa l'écharpe tricolore autour du buste, et il s'installa derrière le bureau.

« Procédons par ordre. Quel est le nom du mari ? »

« Heu », dit le mannequin.

Il n'avait pas de nom. La mariée non plus. On les baptisa sur-le-champ Gilles et Nadine. Les prénoms leurs plaisaient beaucoup.

« Où demeurez-vous ? »

« Heu, rue Mouffetard », répondit le mannequin en donnant l'adresse du magasin. Puis il ajouta : « Mais nous allons déménager ! »

Alors l'adjoint fit appel aux témoins, et ce furent la vieille dame et le boulanger qui jouèrent les rôles de témoins.

« Je vous déclare unis par les liens du mariage ! » dit alors l'adjoint aux mannequins. « Le marié peut embrasser la mariée ! »

Tout le monde applaudit. La vieille dame aux pigeons pleurait parce que la cérémonie lui rappelait sa jeunesse. Tout le monde félicita les mariés.

On sortit joyeusement. Les mariés prirent congé des gens du cortège. Tout le monde embrassait la mariée.

« Où irez-vous ? » demanda Émilie.

« Nous tâcherons de voyager un peu », dit le marié.

« Et ensuite, nous nous installerons dans un grand magasin où nous pourrons rester côte à côte », ajouta la mariée. « Et de préférence en province où la vie est moins agitée. »

« Bonne chance ! Bonne chance ! » disaient les gens.

Les pigeons voletaient autour des mariés, c'était très joli.

« Si vous voulez », offrit Jean-François, « je peux vous emmener faire une promenade sur mon banc. »

Les mariés prirent place sur le véhicule, Jean-François dit :

« Hue ! »

Le banc trépida, souleva ses pattes, et s'en alla en cahotant. Il marchait au milieu de la rue. Un homme courait après, armé d'un appareil photographique :

« Attendez ! Attendez ! »

Le banc n'attendait pas, et M. Bertrand le journaliste (car c'était lui) prenait ses photographies en courant. Les mariés agitaient la main, les pigeons voletaient autour d'eux. Les automobiles klaxonnaient.

« Bon voyage ! » criaient les gens de la noce.

Émilie tenait à la main le bouquet de la mariée. Elle le lui avait offert pour la remercier. La fillette était un peu triste en regardant les fleurs artificielles. La vieille dame aux pigeons la prit aux épaules :

« Je suis sûre que ces fleurs te porteront bonheur ! » lui dit-elle.

L'enfant aux graines magiques

Un matin, Guillaume le Gentil arriva à l'école avec une poignée de graines.

« On peut les planter ? » demanda-t-il.

« Oui », dit le maître. « Ce sont des graines de quoi ? »

« Je ne sais pas. C'est un homme qui me les a données dans la rue. »

« C'était même un homme bizarre ! » dit Lohic. « Je l'ai vu. »

« Bizarre ? » dit le maître. « Qu'avait-il de bizarre ? »

« Il avait une longue barbe blanche, un manteau noir avec des étoiles bleues, et un chapeau pointu », dit Lohic.

« C'était un *mazicien* ma parole ? » zozota Arnaud.

« En tout cas », dit Guillaume le Gentil, « il m'a donné ces graines. »

« Il ne t'a pas dit de quelle plante elles provenaient ? » se renseigna le maître.

« Non. Il m'a juste dit : “Tu planteras ces graines dans ta classe, elles vous seront utiles.” »

Guillaume le Gentil déposa les graines sur le bureau. Il y en avait sept, grosses comme des petits pois mais de la forme d'un berlingot. Elles étaient grises. Le maître les soupesa :

« Elles semblent lourdes », dit-il.

« Est-ce que nous allons les planter ? » demanda Jean-Baptiste.

« Plantez-les », dit le maître à Guillaume le Gentil et à Jean-Baptiste. « Mettez-en deux par pot. »

Les enfants allèrent jardiner pendant que leurs camarades préparaient l'exercice d'orthographe au tableau. Il s'agissait de trouver des noms en AIL ou AILLE, la différence étant que les noms en AIL étaient masculins et les noms en AILLE féminins. Cependant, il fallait se méfier des verbes, qui pouvaient s'écrire également AILLE, AILLES ou AILLENT comme le verbe « travailler » par exemple. C'était assez facile. Les élèves proposaient des mots :

« Le portail ! La bataille ! Le vitrail ! »

« La médaille ! La mitraille ! Le chandail ! Je tress... »

Ils furent interrompus par un cri de Florian :

« Oh ! La plante ! Regardez ! »

Il montrait du doigt les bocaux. La classe poussa une exclamation de stupeur. Les plantes avaient poussé à toute vitesse, des lianes vertes grimpaient le long du mur.

« Mille sabords ! » s'écria le maître, histoire d'imiter le capitaine Haddock.

« Mille sabords ! » répéta la classe.

« Je dirais même plus : mille sabords ! » ajouta Thomas.

Les pousses vertes s'allongeaient, s'étiraient,

quittaient le mur pour se diriger vers le mur opposé. Elles encerclaient la classe.

« Nous ne pouvons pas laisser ces plantes se développer davantage ! » s'écria le maître en s'emparant d'un bocal.

« Oh si ! Si ! Monsieur ! Pour voir ! » protestèrent les élèves.

« Vous dites toujours qu'il faut faire des expériences pour apprendre », rappela Camille d'un petit air ironique.

Le maître se laissa attendrir. Il reposa le bocal :

« Bon », dit-il. « Mais si ces graines deviennent encombrantes, je les jette. D'accord ? »

« D'accord », répondit la classe.

Les plantes se développaient rapidement. Les pousses faisaient le tour de la classe, des branchettes naissaient tout au long des rameaux principaux.

« On dirait des serpents ! » murmura Jean-Baptiste.

« Si ça continue », grimaça Édouard, « nous serons bientôt dans la jungle ! »

Et il ajouta, pour Guillaume le Gentil :

« Tu es sûr que ce n'est pas un sorcier qui t'a donné ces graines ? »

« Non ! C'était un vieux monsieur ! Très aimable. »

« On connaît ça ! » ricana Camille approuvée par les filles. « On connaît ça, les vieux messieurs qui donnent des bonbons aux enfants pour les attirer dans les coins ! »

« Mais non ! » protesta Guillaume. « Il ne m'a pas donné les graines pour m'emmener dans un coin ! Il me les a données pour l'école. »

« Il t'a fait une farce ! » dit Florian.

Les plantes poussaient dans tous les sens et elles grossissaient. Les branchettes se croisaient au-dessus des têtes des élèves. Le maître attrapa un bocal :

« Cette fois, c'est décidé, je les jette. »

Il attira le pot à lui, mais la plante en sortit, et il ne put garder que le pot vide. Déjà, les racines de la plante se développaient vers le sol.

« Mille sabords ! » dit le maître.

« Mille sabords ! » répéta la classe.

« Les plantes ont épaissi ! » remarqua Ève. « Elles ressemblent à des boas ! »

Les branches étaient feuillues et parcouraient l'espace de la classe au-dessus des têtes des enfants. Elles s'entrecroisaient jusqu'au plafond. D'autres descendaient entre les tables et rampaient au ras des allées.

« On se croirait dans la forêt *vierze* ! » dit Arnaud.

« Ce serait amusant de trouver des singes et des perroquets ! » ajouta Jean-Baptiste.

« Et Tarzan ! » compléta Pierre le Nerveux.

« Et Robin des “boas” ! » ricana Florian en faisant un jeu de mots. « Hi-Hi-Hi ! »

Tarzan ni Robin des Bois n’étaient là. Ni les animaux. Mais les branches s’entortillaient autour des pieds des tables et des chaises. Elles grossissaient.

« Ce serait facile de grimper dans les branches », observa Guillaume le Grand.

Elles étaient aussi épaisses que des bouteilles et tressaient un filet de verdure du sol au plafond. La salle devenait une forêt. Pour se voir les uns les autres, les enfants cherchaient des trouées dans le feuillage.

« Nous allons évacuer la classe ! » annonça le maître. « Il faudra la faire nettoyer à la tronçonneuse. »

On distinguait mal la porte à travers l’écran de feuilles. Le maître se dirigea vers elle, enjamba des branches enchevêtrées, se faufila sous d’autres. Les élèves l’imitèrent à regret. Certains empruntaient le chemin le plus long, escaladaient les plus hautes branches au lieu de se glisser sous les plus basses.

« Monsieur ! Monsieur ! les *bransses* ne grandissent plus ! »

C’était Arnaud qui venait de crier. Le maître s’arrêta, examina le feuillage et les frondaisons autour de lui avec intérêt. Arnaud ne mentait pas. La croissance des plantes était terminée. Dans la classe transformée en arbre géant, tout danger semblait écarté.

« Est-ce qu'on peut grimper dans les branches ? » demanda Victor.

« Un instant ! » dit le maître.

Il scrutait le feuillage avec méfiance. Quelques élèves y étaient encore. Yanis était assis sur une fourche en compagnie de Lohic.

« Oh ! » dit tout à coup Angélique. « Je vois un fruit qui pousse ! »

« Moi aussi ! » dit Estelle. « Il est tout rouge. »

« N'y touchez pas ! » recommanda le maître.

D'autres fruits poussaient un peu partout. Ils étaient de la taille des pommes et de la forme des berlingots.

« Je n'ai jamais vu de fruits pareils ! » avoua le maître.

« Il y en a aussi des bleus ! » s'écria Jean-Baptiste.

« Et des jaunes ! » ajouta Soheil.

L'arbre portait des fruits de toutes les couleurs, tous de la même forme cependant. Le maître attrapa un fruit rouge et le cueillit. Il le regardait en le présentant à la lumière.

« Saperlipopette ! » murmura-t-il.

« Qu'est-ce qu'il y a ? » demanda Camille impatiente.

« Un mot est écrit dessus ! » répondit le maître.

« Quel mot ? »

« Mathématiques. »

Les élèves le rejoignirent aussi vite que possible. Le fruit circula de main en main.

« Mathématiques ? » dit Ève. « Qu'est-ce que ça veut dire ? »

« Que si on le mange, on devient fort en mathématiques ! » dit Édouard.

« Attendez ! Ne touchez pas ces fruits ! » dit le maître.

Guillaume le Gentil venait de cueillir un fruit bleu :

« Monsieur ! Sur celui-là, il est écrit " conjugaison " ! »

« Et sur les verts " histoire et géographie " ! » dit Guillaume le Gentil.

« Laissez ces fruits », recommanda le maître. « Nous ne savons pas s'ils sont comestibles... »

Trop tard. Angélique venait de cueillir un fruit vert et de mordre dedans un bon coup parce qu'il sentait bon. Elle poussa un cri :

« Hum ! Fameux ! »

« Recrache ça ! » cria le maître effrayé.

« C'est très bon », répéta Angélique en avalant le morceau qu'elle avait porté à sa bouche.

Tous les autres la regardaient. Soudain, elle parut secouée par le hoquet. Puis ses yeux pétillèrent. Le maître s'élança au-devant d'elle en s'accrochant aux branches.

« Angélique ! Tu ne te sens pas bien ? »

Elle se mit à sourire et récita d'un trait :

« La guerre de Cent Ans (1337-1453) eut

pour causes : les prétentions d'Édouard III roi d'Angleterre à la couronne de France, la vieille rivalité des Capétiens et des Plantagenêt, enfin la question de Flandre. Jusqu'en 1360, la France ne connut que des revers : défaite de l'Écluse (1340), défaite de Crécy (1346), perte de Calais (1347), défaite de Poitiers (1356). Le roi de France Jean le Bon fut même fait prisonnier. »

Elle se tut. Elle semblait en forme et souriait. Ses camarades l'acclamèrent.

« Formidable ! » s'écriaient-ils. « Elle connaît l'Histoire de France ! » Ils grimpèrent hâtivement dans les branches et se mirent à croquer tous les fruits qu'ils pouvaient cueillir. Ils se redressaient subitement et récitaient de la géographie, des sciences, des mathématiques ou de la grammaire. Le maître souriait. Soheil avait avalé un fruit de morale, et il faisait des politesses à tout le monde, s'inclinait pour laisser la priorité aux filles :

« Après vous, mesdemoiselles, je vous en prie... »

Quelle affaire ! Les enfants devenaient très savants. En descendant en récréation ils se déclaraient des choses stupéfiantes :

— *(FLORIAN) « Louis XIV est mort le 1er septembre 1715 à l'âge de 77 ans. »*

— *(JENNIFER) « Oui, mais le passé simple s'emploie dans les récits pour exprimer une série d'actions passées sans lien avec le moment présent.»*

— *(JEAN-BAPTISTE) «Pourtant, le premier port du monde est Rotterdam, aux Pays-Bas.»*

— *(YANIS) «D'accord, mais le squelette humain se compose de 208 os.»*

Alexandre avait même mangé un fruit d'anglais jaune et noir et il récitait le verbe être au présent :

«I am, thou art, he is, she is, it is, we are, you are, they are.»

Le maître était fier des élèves. Il se promettait de laisser les enfants des journées entières dans les branches de l'arbre merveilleux. Et même (mais ne le répétez à personne), il remonta seul dans la classe pendant que les enfants jouaient dans la cour. On suppose qu'il croqua un fruit de solfège car on l'entendit subitement par la fenêtre ouverte chanter un grand air d'opéra.

L'enfant pliable

Quand Jérôme jouait dans sa chambre, le désordre était remarquable. Quand Boris lui rendait visite, le désordre battait des records.

La mère de Jérôme essaya d'entrer. D'abord, elle fit tomber le vélo en poussant la porte. Puis, ayant poussé plus fort, elle abattit la guitare et un paquet de bonbons en équilibre sur une pile de livres. Ensuite, elle posa un pied dans la chambre et elle écrasa l'ours en peluche. Enfin, elle renversa un échafaudage de cubes avec une cinquantaine de petits soldats, posa le pied sur un patin à roulettes et partit en arrière. Pour se rattraper à quelque chose, elle agrippa le manche de la raquette de tennis sur laquelle se trouvaient malheureusement quelques cassettes vidéo et le ballon de football. La mère s'immobilisa, un pied posé sur un masque de carnaval, l'autre sur une boîte de chocolats éventrée. Jérôme et Boris la regardaient. Elle respira fort et ferma les yeux en disant à voix haute pour elle-même :

« On se calme ! On se calme ! »

Elle mit un certain temps à rouvrir les yeux. Les deux enfants avaient interrompu leur partie de billes sur la moquette. Ils regardaient la mère, qui dit :

« Jérôme ! Je te donne une heure pour ranger ta chambre ! »

Elle sortit sur la pointe des pieds en évitant les petites voitures, la boîte de dominos et la planche à roulettes. Avant de sortir, elle donna un solide coup de pied dans le ballon et elle l'expédia par la fenêtre.

« Un à zéro ! » dit-elle.

Et elle referma la porte derrière elle. Jérôme et Boris regardèrent la pendule murale. Il était 17 h 56. Dans une heure, la chambre devrait être en ordre.

« Ça ne sera pas facile ! » siffla Boris.

« Il nous faudrait une benne à ordures ! » ajouta Jérôme.

Les patins à roulettes étaient sur le lit, le pull-over sur la lampe de chevet, les baskets sur le bureau, les livres par terre ! Jérôme se laissa tomber sur le lit, écrasant sous son postérieur un disque de musique classique. De son côté, Boris avait récupéré le pull-over et ouvert un tiroir de la commode pour le jeter dedans. Impossible. Le tiroir débordait. Vêtements et souliers y côtoyaient des lunettes de plongée, une paire de raquettes de Ping-Pong, un pistolet à eau, un Walkman.

« Où est-ce que je range ton pull ? » demanda Boris.

« Je n'en sais rien », répondit Jérôme.

Et il se mit à rire. Il ne pouvait plus s'arrêter :

« Hi-Hi-Hi ! Quel désordre ! Tu pousses un machin et aussitôt tu fais tomber un truc ou un bidule ! Hi-Hi-Hi ! »

« Hi-Hi-Hi ! » rit Boris à son tour en jetant par terre le pull-over. « Ce n'est pas une chambre, c'est une boutique de brocanteur ! Hi-Hi-Hi ! »

« Hi-Hi-Hi ! Et ma mère ! Hi-Hi-Hi ! Tu as vu le but qu'elle a marqué ! Elle est forte au foot ! Hi-Hi-Hi ! »

L'aiguille de la pendule passa sur le douze et la pendule sonna : Dong ! Dong !... Les gamins écoutèrent les six coups en silence. Ils étaient redevenus sérieux subitement.

« Qu'est-ce qu'on fait ? » demanda Boris. « Par quoi commençons-nous ? »

« Je ne sais pas », soupira Jérôme. « Il y a trop de choses ! Il faudrait tout plier et... »

Il se tut subitement et claqua des doigts en l'air, les yeux illuminés par l'inspiration :

« On va tout plier ! »

« Quoi ? »

« Regarde ! »

Il attrapa le vélo, et crac, que je te le plie en deux, et crac que je te le plie en quatre, et crac en huit, crac en seize. Le vélo plié n'était pas plus volumineux qu'une boîte de camembert.

« Saperlipopette ! » s'écria Boris. « Comment fais-tu ça ? »

« Je le plie ! » dit Jérôme avec assurance.

Il plia le vélo en trente-deux, puis en soixante-quatre, de sorte qu'il n'était pas plus encombrant qu'une boîte d'allumettes.

« Et voilà ! » dit-il en le déposant dans un coin. « Passe-moi la raquette de tennis ! »

« Saperlipopette ! » répéta Boris. « Quelle affaire ! »

Il se mit à transmettre à son camarade tout ce qui lui tombait sous la main. Jérôme le pliait en deux, en quatre, en huit, en seize, en trente-deux, et cela devenait minuscule. Boris n'avait plus qu'à le déposer sur la moquette. Bientôt, il ne resta rien à traîner sur le sol. Jérôme s'attaqua au contenu des meubles, aux vêtements, aux jeux, aux livres. Il pliait tout.

« Maman veut du rangement ! » grommelait-il. « Elle va être servie ! »

Les pantoufles, le cartable, les pyjamas, le casque de roller, tout se retrouva aligné par terre en forme de cube pas plus gros qu'un dé à jouer. Boris annonça :

« Il reste vingt minutes ! »

« Attends voir ! » s'écria Jérôme.

Et crac ! En un tournemain, la pendule fut pliée, repliée, archirepliée. Elle alla rejoindre les cubes minuscules sur le sol.

« Regarde la chaise ! » s'écria Jérôme en riant méchamment.

Et crac, crac, crac ! Minuscule, la chaise !

« Regarde le bureau ! »

Même technique et même résultat !

« Regarde la commode ! Le lit ! L'armoire ! »

Les meubles étaient devenus si petits qu'il

fallait une loupe pour les repérer. Les enfants riaient joyeusement :

« Ma mère ne pourra pas dire que je n'ai pas rangé ! Hi-Hi-Hi ! »

« Elle va te donner une bonne fessée, oui ! Hi-Hi-Hi ! »

« Ne t'inquiète pas ! Je ne serai pas là ! Hi-Hi-Hi ! »

« Quoi ? »

« Je vais me ranger avec les meubles ! Hi-Hi-Hi ! »

Boris ne riait plus. Il dévisageait Jérôme avec inquiétude :

« Tu veux dire que tu vas te plier toi aussi ? »

« Oui ! »

« Tu ne vas pas faire ça ! »

« Je vais me gêner ! »

« Et comment redeviendras-tu toi-même ? »

« Je me déplierai ! »

« C'est possible ? »

« Si je te le dis ! Viens ici. »

Boris hésitait. Jérôme avait un drôle d'air.

« Qu'est-ce que tu veux faire ? » demanda Boris.

« Je vais te ranger. Approche que je te range ! »

« Non ! »

Boris recula. Jérôme bondit. Boris essaya de prendre la fuite, mais Jérôme l'attrapa par les épaules et crac, il le plia en deux, et crac il le plia en quatre, et crac en huit, crac en seize, et crac en trente-deux, et même en soixante-quatre ! Boris protestait, mais on entendait sa voix de plus en plus faiblement au fur et à mesure qu'il rétrécissait. A la fin, il était devenu un cube minuscule que Jérôme déposa sur la moquette avec tous les meubles alignés.

« Ne t'impatiente pas ! » lui recommanda-t-il. « Je te rejoins ! »

Et crac, il se plia en deux les bras le long du corps, et crac il se plia en quatre, crac en huit les jambes enfermées sous lui, puis en seize, en trente-deux et en soixante-quatre. Il se retrouva par terre auprès du cube Boris. Il chuchota :

« Ça ne fait pas mal, non ? »

« Non ! » chuchota Boris. « Mais je préfère mon état normal ! »

« Chut ! J'entends ma mère ! »

Elle entra. Elle poussa un cri en découvrant la chambre déserte :

« Ah ! »

Puis elle prit son souffle et recria :

« Ah ! »

Elle le cria au moins cinq fois. Il n'y avait plus de désordre dans la chambre, mais il n'y avait plus ni jouets, ni meubles, ni enfants. Elle courut à la fenêtre :

« Jérôme ! Boris ! »

Non. On était au cinquième étage. Les

enfants n'avaient pas pu s'évader par ce chemin. La mère s'immobilisa au centre de la pièce vide. Elle refit ce qu'elle avait déjà fait une heure auparavant : elle respira un bon coup et ferma les yeux en se répétant :

« On se calme ! On se calme ! »

Alors, Jérôme se déplia vite fait et déplia Boris. Quand la mère ouvrit les yeux, les garçons étaient debout devant elle. Elle fit :

« Ah ! »

« Tu as vu, maman », dit Jérôme d'un petit air innocent, « nous avons rangé la chambre. »

« Heu, oui », dit la mère. « Où sont passés les meubles ?

« Je les ai rangés. »

« Où ? »

« Dans la chambre. »

« Jérôme ! Ne mens pas ! »

« Demande à Boris si tu ne me crois pas. »

« Bien. Boris ! Où sont les meubles ? »

« Dans la chambre. »

La mère respira. Elle ferma les yeux en disant :

« On se calme. On se calme. »

Quand elle les rouvrit, Jérôme avait déplié les meubles, et le lit et l'armoire avaient repris leur place ainsi que la commode et le bureau. Les gamins riaient. Hi-Hi-Hi. La mère préféra ne pas insister.

« Tu t'expliqueras avec ton père dès son retour », dit-elle.

Elle sortit. Jérôme déplia le mobilier restant et même le portrait du grand-père dans son cadre, qu'on avait retrouvé sous le lit en « rangeant ». Les enfants déposèrent tous les autres petits cubes dans les meubles. Quand le père arriva, la chambre était parfaitement rangée et les deux garçons jouaient aux dames.

« Bonsoir papa », dit Jérôme.

« Bonsoir monsieur », dit Boris.

« Bonsoir », dit le père.

Il reluquait la chambre et murmurait :

« Bizarre... Bizarre... »

Puis il tourna les talons pour quitter la pièce. Mais, au moment de sortir, il demanda :

« Au fait ? On raconte qu'il y aurait, paraît-il, des enfantastiques dans le quartier Marcel-Aymé. Est-ce que vous avez entendu parler de ça ? »

« Oh non ! » répondirent les garçons avec un bel ensemble. « Les enfantastiques, ÇA N'EXISTE PAS. »

« C'est évident ! » reconnut le père en haussant les épaules et en refermant la porte derrière lui.

S'il l'avait rouverte, il aurait trouvé les deux galopins pliés en deux de rire sur le lit. Mais voilà : il ne la rouvrit pas.

L'enfant qui sautait

Victor se leva du pied gauche et dit :

« Aujourd'hui, je vais battre un record. »

Alors il commença de sauter à pieds joints dans sa chambre et dans l'appartement : hop-hop-hop ! Il sautait sans s'arrêter.

« Tu comptes sauter longtemps, Victor ? » lui demanda sa mère en servant le petit déjeuner.

« Jusqu'à ce soir maman, je veux battre un record. »

Et hop-hop-hop à pieds joints, même pendant qu'il déjeunait. Évidemment, ce n'était pas facile car il fallait éviter de renverser le café au lait, mais Victor y réussit presque. Sa mère le suivait avec une éponge. Elle s'écriait :

« Arrête, Victor ! Tu vas salir partout ! »

« Normal, je suis en train de battre un record. »

Et hop-hop-hop à pieds joints dans l'appartement. Victor ne s'essoufflait pas, ne s'interrompait pas même aux cabinets.

« Maintenant prends ton sac à dos ! »

C'était le jour de sortie de fin d'année avec la classe et la mère avait préparé un pique-nique. Victor attrapa le sac à dos, et hop-hop-hop, il s'en alla.

« Tu ne me dis pas au revoir, mon Victor ? » dit la mère.

« Au revoir maman ! »

Hop-hop-hop ! En sautant à pieds joints, Victor fit trois bises à sa mère, une à gauche, une à droite, et une au milieu. Et hop-hop-hop ! en route pour l'école !

« Il s'arrêtera quand il sera fatigué », murmura la mère en le voyant filer dans l'escalier.

Mais Victor ne s'arrêtait pas. Il dévalait les marches deux par deux, puis trois par trois, puis quatre par quatre, et même cinq par cinq.

« Holà ! » s'écria la concierge portugaise avec son accent. « Qué-zé qué zé qué cé kangourou ? »

« Bonjour madame ! Je suis en train de battre un record ! »

« Tou vas té casser la figouré ! »

« Pas du tout ! »

Hop-hop-hop ! Victor arriva à pieds joints sur le trottoir. Il s'amusait à sauter par-dessus les bancs et les poubelles, si bien que les gens s'arrêtaient pour le regarder passer.

« Hé Victor ! Tu es devenu champion de saut en hauteur ? » lui demanda le charcutier sur le seuil de sa charcuterie.

« Non, je bats un record ! »

« Quel record ? »

« Le record de durée en saut à pieds joints ! »

Des camarades de classe accouraient autour de Victor :

« A quoi tu joues ? » lui demanda Soheil.

« Je bats un record ! »

« Attends-moi ! »

Et Soheil se mit à sauter à pieds joints à son

tour à côté de Victor, mais il heurta la première poubelle qu'il voulut essayer de franchir et tomba par terre. Il se releva et cessa de sauter, se contentant de courir auprès du sauteur.

« Comment fais-tu pour sauter comme ça ? Tu as mangé des ressorts au petit déjeuner ? »

Christophe rattrapa les garçons :

« A quoi vous jouez les gars ? »

« Victor bat un record ! » dit Soheil.

« Un record de quoi ? » demanda Yanis qui les rejoignait.

« De saut en hauteur ! » répondit Soheil.

« Il y a des gens qui sautent plus haut que lui ! » dit Yanis. « Le champion du monde franchit deux mètres quarante-quatre ! »

« Oui mais moi je veux battre un record de durée ! » dit Victor. « J'ai commencé à sept heures ! »

Il était huit heures moins dix. Les camarades sifflèrent leur surprise :

« Tu n'as pas arrêté depuis sept heures ? » fit Yanis.

« Je m'arrêterai ce soir à sept heures ! » annonça Victor.

Et hop-hop-hop ! à pieds joints par-dessus les poubelles et même par-dessus Anne-France et Léa qui se trouvaient sur son chemin.

« Hé ! » s'écria Anne-France. « Qu'est-ce que c'est que ça ? »

« C'est Victor ! » cria Soheil en courant. « Regardez comme il saute ! »

Les deux filles rattrapèrent la bande joyeuse. Dans la rue, beaucoup d'enfants convergeaient vers l'école Marcel-Aymé en bavardant. A la vue du sauteur, ils se mirent à courir. Victor sautait par-dessus ceux qui lui barraient le passage, et même par-dessus une moto garée au bord du trottoir.

« Bravo ! Bravo ! » applaudissaient les enfants.

Toute la classe était rassemblée devant l'école pour partir. Le maître et trois parents accompagnateurs vérifiaient les contenus des sacs. Ils virent arriver le sauteur et son escorte.

« Holà ! Victor ! » appela M. Lebois. « Tu devrais arrêter de sauter, car tu vas te fatiguer. Nous marcherons beaucoup aujourd'hui, alors réserve tes forces ! »

« Je bats un record ! » dit Victor.

« Et il saute par-dessus les poubelles ! » ajouta Soheil avec admiration.

« Et aussi par-dessus les gens ! » s'extasia Christophe.

« Il veut battre un record de durée ! » compléta Yanis. « Il a commencé à sept heures du matin et il veut sauter jusqu'à sept heures du soir ! »

« Saperlipopette ! » dit le maître. « Il sera épuisé bien avant ! »

L'enfant n'était même pas essoufflé. Le

maître compta les élèves et donna le signal du départ. Les enfants marchaient sur le trottoir deux par deux. Victor sautait devant, hop-hop-hop ! De temps en temps, pour le plaisir de ses camarades, il bondissait par-dessus une poubelle.

« Quelle affaire ! » disait M. Lebois aux parents accompagnateurs.

« Quelle affaire ! » disaient les parents accompagnateurs à M. Lebois.

Victor monta dans le train en sautant, il étonnait les voyageurs. Il les étonna encore plus une fois dedans, car il continua de sauter pendant le voyage.

« Tu devrais t'asseoir, mon petit », disaient des gens. « Tu vas te fatiguer. »

« Pas question ! Je veux battre un record ! »

« Un record de quoi ? » demandaient les voyageurs.

Les enfants de la classe les renseignaient. Les voyageurs hochaient la tête. Certains applaudissaient. Il y en eut même un distrait qui crut que Victor sautait pour faire la quête, et qui lui donna une pièce de monnaie. Victor la refusa :

« Je ne bats pas un record pour l'argent ! »

Il descendit du train d'un seul bond et se mit à sauter dans la gare de Versailles. Les Versaillais le regardaient. Les élèves s'étaient mis en rangs pour le suivre. Le maître fut forcé de courir pour le rattraper :

« Ho ! Victor ! Pas si vite ! Les mamans qui nous accompagnent n'arrivent pas à te suivre ! »

Alors il ralentit et sautilla sur place. On se mit en marche pour le château. Il était splendide. Victor ne put résister au bonheur de prendre son élan et de franchir les grilles d'entrée d'un bond. Elles étaient très hautes, mais il réussit.

« Cette fois », dit Yanis, « il n'est pas loin du record du monde de saut en hauteur ! »

Les touristes photographiaient le sauteur. On lui demanda de recommencer son exploit.

« Un seul saut, alors ! » dit Victor.

Et hop ! il franchit encore la grille d'entrée, aux applaudissements de la foule qui l'escortait.

« C'est une vraie vedette ! » disait Angélique à Jennifer.

« Je dirai même plus, c'est une vraie vedette ! » répondait Jennifer à Angélique.

On fit la visite du château. Hop-hop-hop ! Victor rebondissait sur place en écoutant les explications du maître. Les touristes le reluquaient au lieu d'écouter leurs guides, si bien que plusieurs d'entre eux vinrent se plaindre :

« Arrêtez ce gamin ! Nous ne sommes pas au cirque ! Il nous empêche de travailler ! »

« Il a décidé de battre un record », expliqua le maître avec embarras. « Il saute comme ça depuis sept heures et il veut sauter jusqu'à dix-neuf heures. »

Les guides ouvraient de grands yeux :

« Douze heures de saut ! Il est fou ! »

« Non, c'est un enfantastique. »

Le gamin sautait, hop-hop-hop, à pieds joints. Le maître entraîna ses élèves dans le salon d'Hercule.

« Regarde Hercule ! » dit-il à Victor. « Il faisait des exploits aussi difficiles que celui que tu es en train de tenter ! »

« Est-ce qu'il sautait ? » demanda Anne-France.

« Non. Mais il accomplit des travaux extraordinaires. »

Et il raconta la légende des douze travaux d'Hercule aux enfants.

« Alors ? » dit Anne-France. « Victor est aussi fort qu'Hercule ? »

« Pas tout à fait », dit le maître en souriant.

« Moi je crois qu'il est plus fort ! » lança finement Pierre le Nerveux.

Il avait un air malicieux qui laissait supposer qu'il allait dire une astuce. Ça ne manqua pas :

« Il est plus fort parce qu'Hercule avançait seulement, tandis que Victor *avance Hercule* ! Hi-Hi-Hi ! » (Avance et recule.)

La classe rit. Le maître entraîna les élèves et le champion à travers les salons de l'Abondance, de Vénus, de Diane, de Mars, de Mercure, d'Apollon. Pendant qu'il parlait des peintures du plafond de la galerie des Glaces, des touristes se faisaient photographier en compagnie de Victor. Il gardait le rythme à côté d'eux, sans être essoufflé.

« Il va être célèbre ! » disait Laurent le Paisible. « Même des Japonais le photographient ! »

On traversa lentement la chambre de la reine Marie-Antoinette. Victor aurait bien sauté par-dessus la balustrade dorée qui sépare le lit du public, mais il se retint, parce que c'était interdit. On quitta le château pour pique-niquer au bord de la pièce d'eau des Suisses.

« Ça tombe bien car j'ai faim ! » dit Victor.

Mes amis ! Quelle joie ! Les enfants se roulèrent dans l'herbe ! Ils faisaient la course avec Victor, et Alexandre avait inventé un jeu pour aller plus vite. Il se roulait en boule et ses camarades le poussaient. Ils jouèrent un bon moment à se l'envoyer. Malheureusement, Christophe maladroit l'expédia sur la pente en direction de la pièce d'eau...

« Attention ! » cria le maître.

Trop tard ! Alexandre roulait, roulait, et Plouf ! Il tomba dans l'eau. Mais il y flotta ! Édouard le ramena sur la rive avec un bâton. Le flotteur reprit sa forme première en riant. Il disait :

« Un jour, je traverserai la mer comme ça ! C'est facile ! »

« A table ! » ordonna le maître.

C'était une façon de parler car il n'y avait pas de table. Les enfants s'assirent dans l'herbe — sauf Victor qui préféra manger en sautant autour de la pièce d'eau. Comme elle mesure 682 mètres de longueur sur 234 mètres de largeur, il fit une promenade de 1832 mètres ! Presque deux kilomètres ! Les enfants de plusieurs écoles qui pique-niquaient aussi au bord de la pièce d'eau se levaient sur son passage et l'acclamaient. Quelques garnements essayèrent de lui couper la route, mais il eut tôt fait de les franchir hop-hop à pieds joints. Il rejoignit enfin ses camarades qui avaient fini de déjeuner.

« Tu n'es pas fatigué, Victor ? » s'inquiéta le maître.

« En pleine forme ! »

Tout l'après-midi, Victor sauta et ressauta dans le parc du château d'un bassin à l'autre et même par-dessus. Les touristes se disaient les uns aux autres et dans toutes les langues du monde que cette attraction publicitaire était remarquable et qu'il n'y avait qu'en France qu'on proposait au public des artistes de cette qualité.

« Moi, je me demande comment il fait ! » soupirait Ève.

« Je suis épuisée, rien que de marcher ! » ajoutait la petite Léa.

« Si la marche vous fatigue », leur lança Victor, « faites comme moi : sautez ! »

Et hop-hop, il repartait. On admira le Hameau de la reine, puis on revint. Au lieu de traverser la petite rivière sur le pont, Victor fit un saut périlleux par-dessus. Il était aussi frais qu'une truite de torrent, alors que ses camarades traînaient les souliers dans la poussière. Ils se laissèrent tomber sur les banquettes du train de retour avec un soupir de soulagement. Victor, lui, sauta dans le wagon.

Il sauta sur le chemin de l'école. Il prenait les devants et revenait chercher le groupe. Et même, arrivé devant l'école, il s'offrit le luxe de bondir pour rien par-dessus le mur. Chacun s'en retourna chez soi. Les enfants n'avaient même plus le courage d'escorter Victor dans la rue. Ils se contentaient d'agiter la main :

« Au revoir Victor ! Salut ! »

« Salut ! » répondait Victor en faisant des prouesses au-dessus des poubelles.

« Où vas-tu, mon gars ? » demanda la vieille dame aux pigeons.

« Chez moi ! Je suis en train de battre un record ! »

Il sauta par-dessus la vieille dame. Il sauta par-dessus une auto qui passait, et le conducteur donna un violent coup de frein et un coup de klaxon. Mais Victor était déjà loin. Il arrivait chez lui.

« Bonjour madame ! » dit-il à la concierge au pied de l'escalier.

« Tou continoues dé sauter ? » s'écria la concierge portugaise. « Tou as mangé dé l'élastiqué ? »

Il gravit l'escalier en sautant les marches quatre par quatre, puis cinq par cinq, et même dix par dix pour finir. Et il arriva chez lui. Comme sa mère n'était pas rentrée, il brancha la télévision et sautilla devant en la regardant. Il faisait parfois des sauts périlleux avant et arrière pour rompre la monotonie de l'exercice.

A six heures et demie, la mère arriva. Elle fut étonnée de voir son fils encore en activité, mais il l'embrassa et la rassura :

« Je suis en pleine forme ! Il reste une demi-heure ! »

La mère prépara le souper dans la cuisine. Elle ne pensa plus à Victor. Soudain on sonna à la porte : Ding-Dong !

« J'arrive ! » dit la mère en essuyant ses mains à son tablier.

Elle alla ouvrir. Un monsieur se tenait sur le palier, avec un appareil photographique. C'était M. Bertrand, le journaliste.

« Bonsoir madame. Il paraît que Victor bat un record. Est-ce que je peux le photographier ? »

« Entrez », lui répondit la mère.

« Ses camarades m'ont informé qu'il avait commencé de sauter à sept heures du matin... »

« C'est vrai », dit la mère. « Il voulait sauter jusqu'à dix-neuf heures. »

Le journaliste consulta sa montre et poussa un cri :

« Zut ! Il est dix-neuf heures trois ! »

La mère poussa la porte du salon. La télévision fonctionnait, mais Victor n'était plus devant. La mère se dirigea vers la chambre de son fils en appelant :

« Victor ! Mon chéri ! Il y a un monsieur qui veut te voir. Victor ? »

Elle ouvrit la porte de la chambre et s'immobilisa. Elle se retourna vers M. Bertrand et dit :

« Chut ! Il dort ! »

Le « champion » s'était mis au lit à dix-neuf heures, record battu, et il dormait profondément.

« Zut ! » répéta M. Bertrand une fois de plus arrivé en retard.

Il photographia tout de même Victor au lit. L'enfant avait un pouce à la bouche et tenait un nounours en peluche dans l'autre main. Le journaliste était déçu. Pourtant, sa photographie ne fut pas inutile, car Victor était tellement fatigué après son exploit qu'il dormit pendant 17 jours, 15 heures et 47 minutes, sans compter les secondes. C'était le RECORD DU MONDE de sommeil !

La vieille dame aux pigeons avait beaucoup d'autres histoires à me raconter.

« Vous connaissez l'histoire de Prune qui devenait une sirène à la piscine ? »

« Non. »

« Et celle de Jennifer qui changeait de peau ? »

« Non plus. »

« Et celle de Soheil qui transformait les bijoux de la bijouterie en chapelets de saucisses ? »

« Pas davantage. »

« C'était amusant ! Figurez-vous que des gangsters qui voulaient attaquer la bijouterie se sont trompés de porte ! Ils ont pillé la charcuterie voisine ! Ah-Ah-Ah ! »

La vieille dame riait. Les farces des enfantastiques l'amusaient. Elle devint soudain sérieuse et leva l'index :

« Mais le plus beau pouvoir, c'est Guillaume le Gentil qui le possède ! Il a le pouvoir de rendre amoureux ! Oui, monsieur. Dès qu'il voit des gens se quereller, il claque des doigts en l'air, et les ennemis s'embrassent ! N'est-ce pas merveilleux ? »

« Merveilleux ! S'il pouvait arrêter les guerr... »

La vieille dame m'interrompit en poussant un cri :

« C'est elle ! C'est Alix ! Ne bougez pas ! Elle est avec sa copine Angélique ! »

Deux fillettes arrivaient bras dessus bras dessous sur la place de la Contrescarpe. La vieille dame appela :

« Alix ! »

« Oui madame ? »

« Approche, mon enfant ! »

Les deux filles approchèrent. La vieille dame leur montra ses pigeons multicolores. Alix porta sa main à sa bouche :

« Oh ! excusez-moi, j'avais oublié... »

Elle fit un geste bizarre en grommelant une formule que je n'entendis pas, et les pigeons retrouvèrent leurs couleurs. Ils roucoulaient d'aise, et la vieille dame les caressait :

« Mes chers petits, mes mignons », disait-elle.

« Au revoir madame ! »

Les filles s'éloignèrent. Alix ne se retourna pas, mais il me sembla que son amie Angélique grommelait une espèce de formule. Je ne suis sûr de rien. Les fillettes s'engagèrent dans la rue Marcel-Aymé et je ne les vis plus. C'est alors seulement que je me retournai...

« Oh ! » m'écriais-je.

La robe noire de la vieille dame aux pigeons était maintenant du plus beau rouge avec des fleurs jaunes.

« Oh ! » s'écria la vieille dame à son tour en se découvrant. Elle bondit sur ses pieds et s'élança à la poursuite des deux fillettes. Elle brandissait son parapluie... — pardon ! son ombrelle ! Car le parapluie noir était devenu une belle ombrelle rose et bleu !

« Alix ! Angélique ! » appelait la vieille dame. « Attendez-moi ! »

Elle s'engouffra dans la rue Marcel-Aymé et je la perdis de vue. Je restai seul sur la place, assis sur le banc. Je riais. Je m'habituais aux enfantastiques. Je les aimais bien...

« Arrêtez-le ! Arrêtez-le ! »

Un accordéon jaillit hors d'un immeuble. Il courait comme une grande chenille et faisait de la musique en se pliant et se dépliant. Un squelette le talonnait. L'accordéon traversa la place et s'engouffra dans la rue Mouffetard. Le squelette aussi. Quelle affaire !

OPE